Trickfilm entdecken

Lola rennt...

Animationstechniken im Unterricht

Daniel Ammann, Arnold Fröhlich (Hrsg.)

Mit Unterstützung der

NW EDK
NORDWESTSCHWEIZERISCHE
ERZIEHUNGSDIREKTORENKONFERENZ

© 2008 Verlag Pestalozzianum an der Pädagogischen Hochschule Zürich
www.verlagpestalozzianum.ch

Lektorat
Ursula Kohler, Verlag Pestalozzianum

Gestaltung und Herstellung
Vreni Stoob, St.Gallen

Gestaltung Umschlag
Daniel Lienhard, Zürich

DVD
Gestaltung/Programmierung
Dominik Roost, medien-lab Pädagogische Hochschule Zürich

Druck
Fotorotar, Egg (ZH)

ISBN 978-3-03755-081-6

Inhalt

Einführung	5
Trickfilm ohne Kamera	7
Filmtechnik ganz einfach	8
So kommt Bewegung ins Bild	12
Kinder und ihre Trickfilmfiguren	17
Tiger und Bär sind Marketingspezialisten	18
Laura, Lars und Co.	21
Techniken des Animationsfilms	25
Der Computer macht's möglich	26
Kinder dirigieren Pinselstriche	29
Die verrückten Stühle	32
Bilder werden lebendig	35
Der Marsch durch die Wüste	39
Zeichnungen in Bewegung	43
Deckel auf – Deckel zu	47
Wie aus der Pistole eine Banane wird	49
Animation ohne Kamera – diesmal am Computer	53
Mein Trickfilm als Bildschirmschoner	55
Gestaltungselemente in der Anwendung	57
Die Einstellung macht die Geschichte	58
Im Trickfilm gelten andere Gesetze	62
Szenerie als Illusionsfabrik	67
Hast du Töne!	69
Werkstatt und Projekte	73
Von der Idee zur Premiere	74
Deutsch – einmal anders	78
Zeichnen, Scannen und Kneten	80
Kinder bauen eine Stadt	84
Ausstellung im Internet	89
Glossar	93
Literatur und Links	96
Inhalt der DVD	100
Über die Herausgeber, Autorinnen und Autoren	103

Einführung

Zeichentrickfilme gehören bei Kindern zu den mit Abstand beliebtesten Sendungen am Fernsehen. Im Kino sind seit etwa 1995 die mittels aufwändiger digitaler Verfahren produzierten Animationsfilme erfolgreich: Sie erscheinen bezüglich der Zuschauerzahlen regelmässig in den Bestenlisten – und es waren mit *Ice Age 2* und *Ratatouille* Filme dieses Genres, die in der Schweiz in den Jahren 2006 und 2007 jeweils am meisten Kinoeintritte verzeichneten. So ist das Interesse an der Animationstechnik im Laufe der letzten Jahre gestiegen. Sie hat sich aus der – meist eher geächteten als geachteten – «Abteilung Kinderfilm» zu einer nicht nur kommerziell erfolgreichen, sondern nicht selten auch ästhetisch überzeugenden Filmtechnik entwickelt.

Im deutschen Sprachraum werden meistens alle Filme, die in einer Stop-Motion-Technik (Stopptrick) entstanden sind, als «Trickfilme» bezeichnet. Die technisch passendere Bezeichnung wäre «Animationsfilm», die das ganze Spektrum von einfachsten Experimenten von wenigen Sekunden Dauer über künstlerisch anspruchsvolle Autorenwerke bis hin zu millionenteuren computergenerierten Kinospielfilmen umfasst. Die Verwendung beider Bezeichnungen im vorliegenden Handbuch widerspiegelt den allgemeinen Sprachgebrauch, in dem zum Beispiel der Begriff «Trickfilmtechnik» als feste Bezeichnung für die verschiedenen Stopptrickverfahren gilt.

Nicht nur von der Rezeption, sondern auch von der Produktion her erleben Animationsfilme seit einigen Jahren eine wahre Renaissance. Bis in die Achtzigerjahre des letzten Jahrhunderts war im Amateurbereich der Super-8-Film das Medium für die Herstellung eigener Filme. Mit dem Aufkommen der VHS- oder Hi8-Videokameras verloren die Zelluloidfilme ihre Bedeutung, da mit der neuen Technologie Filme billiger und einfacher produziert werden konnten. Allerdings verfügten die Videokameras, die Aufnahmen auf einem Magnetband speicherten, häufig über keine Stop-Motion-Technik, die eine Voraussetzung für die Herstellung von Animationsfilmen ist. So verschwand der Animationsfilm als Möglichkeit der aktiven Eigenproduktion aus den Schulen, wo ihn einige filmbegeisterte Lehrpersonen am Leben erhalten hatten.

Erst in Verbindung mit Computerprogrammen und dem Aufkommen digitaler Filmaufnahmeverfahren ist es in den letzten Jahren wieder möglich geworden, auf allen Schulstufen Animationsfilme zu produzieren. Die Verbilligung der nötigen Software oder gar die Verwendung von Gratisprogrammen haben die Filmherstellung im schulischen oder ausserschulischen Kontext zu einer erschwinglichen Technik gemacht. Zudem sind die Programme für die Produktion von Animationsfilmen in der Handhabung einfacher geworden und sie lassen eine unmittelbare Kontrolle der Aufnahmen zu. Diese technologische Entwicklung macht den Animationsfilm zu einem gut handhabbaren und attraktiven Mittel der Medienerziehung. Aus diesen Gründen konzentriert sich die vorliegende Publikation auf die Darstellung

Einführung

didaktischer Hilfen zu digitalen Produktionsverfahren. Zur Trickfilmherstellung mit analogen Medien gibt es bereits viele gute Publikationen und Materialien im Internet.

Dennoch stellt das vorliegende Handbuch auch dar, wie die Gesetze der menschlichen Wahrnehmung und die Grundlagen der Trickfilmtechnik unkompliziert, ohne Kamera und Computer auf allen Stufen sichtbar und erfahrbar gemacht werden können. Am Beispiel des Daumenkinos und anderer optischer Spielzeuge erfahren Schülerinnen und Schüler, wie sich Bewegungsillusion bereits mit einfachsten Mitteln erzeugen lässt. Dabei gewinnen sie Einsichten in optische Phänomene und lernen grundlegende Elemente des Zeichentricks kennen. In der Auseinandersetzung mit beliebten Trickfilmfiguren oder dem Einsatz unterschiedlicher Animationsformen im Werbefernsehen sollen Funktions- und Wirkungsweisen von Trickfilmangeboten im Medienverbund bewusst gemacht und analysiert werden.

Nach diesen einführenden Inputs zur Förderung der Wahrnehmungs- und Nutzungskompetenz nehmen die Kapitel im Hauptteil einzelne Techniken und Produktionsformen des Animationsfilms unter die Lupe und vermitteln konkrete Anregungen für den handlungsorientierten Unterricht. Bilder ab Digitalkamera, Scanner oder Webcam sowie direkt am Computer erstellte Grafiken lassen sich mit benutzerfreundlichen Programmen animieren und als Filme abspeichern. Wie verschiedene Gestaltungsmittel und Animationstechniken in der Trickfilmproduktion kombiniert werden, illustrieren abschliessend einige Beispiele gelungener Schülerarbeiten und Vorschläge zu grösseren Projekten. Die Arbeit an Animationsfilmprojekten verlangt von den Schülerinnen und Schülern aller Schulstufen Fähigkeiten zur Planung, zur narrativen und bildnerischen Gestaltung einer «Geschichte» sowie Durchhaltevermögen.

Die Beschäftigung mit dem Thema Animationsfilm stellt nicht die technischen Kompetenzen in den Vordergrund, sondern bietet mit den Mitteln der aktiven Medienarbeit Gelegenheiten für vielfältige Lern- und Arbeitsformen. Neben medienpädagogischen Dimensionen wie Wissen über Produktionsabläufe und Gesetzmässigkeiten der verschiedenen Medien oder Reflexion des persönlichen Umgangs mit Medienangeboten verfolgen die vorliegenden Unterlagen daher Ziele, die in jedem Fach und für das Lernen allgemein von Bedeutung sind. Spielerisches und projektorientiertes Vorgehen sollen in erster Linie die Kreativität der Schülerinnen und Schüler wecken, sie bei der Realisierung eigener Vorhaben unterstützen und zu kooperativem Arbeiten anstiften.

Im Anhang werden die wichtigsten Fachbegriffe in einem Glossar zusammengefasst und Bezüge zu einzelnen Einheiten oder Sequenzen hergestellt. Verwendete Quellen sowie weiterführende Literatur, Links und Hinweise auf Materialien sind in einem kommentierten Literaturverzeichnis ausgewiesen. Die beigefügte DVD enthält eine Auswahl von Filmbeispielen zur Illustration unterschiedlicher Animationstechniken und bietet in einem – nur am Computer zugänglichen – Datenteil zusätzliche Anleitungen, Druck- und Kopiervorlagen.

Arnold Fröhlich und Daniel Ammann

Trickfilm ohne Kamera

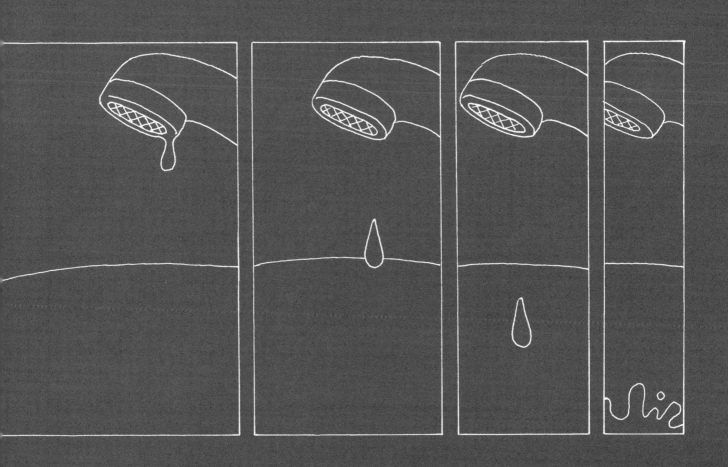

Filmtechnik ganz einfach
Optische Spielzeuge

Wie funktioniert eigentlich ein Film? Wir alle wissen es: Bilder werden aneinandergereiht, wobei die Veränderung von einem Bild zum andern beim Betrachten des Films als Bewegung wahrgenommen wird. Kindern kann dieses Phänomen der Bewegung mit optischen Spielzeugen eindrücklich aufgezeigt und erklärt werden. Mit wenig Aufwand können optische Spielzeuge selbst hergestellt und damit grundlegende medientechnische Filmerfahrungen vermittelt werden.

Würde in einem Videofilm jedes der 25 Bilder pro Sekunde einen völlig neuen Inhalt zeigen, könnte das Dargestellte nicht erkannt werden. Zurück bliebe ein Trommelfeuer an optischen Reizen, aber der Eindruck von kontinuierlicher Bewegung würde so nicht entstehen. Nur wenn die aneinandergereihten Bilder geringfügige Veränderungen aufweisen, werden dem menschlichen Auge «lebendige» Bilder vorgetäuscht. Sowohl das → Streifenkino als auch das → Wendebild machen sich die natürliche Trägheit des menschlichen Auges zunutze.

PDF
Streifenkino_Willi_Wiberg

Streifenkino
Das Streifenkino ist wohl die einfachste Möglichkeit, eine Figur zum Leben zu erwecken. Es besteht aus zwei aufeinanderliegenden Papierstreifen. Der untere Streifen zeigt beispielsweise einen Hasen mit hochgestellten Ohren. Auf dem darüberliegenden Streifen ist das gleiche Motiv zu sehen, allerdings mit einer Abänderung: Der Hase lässt ein Ohr hängen.

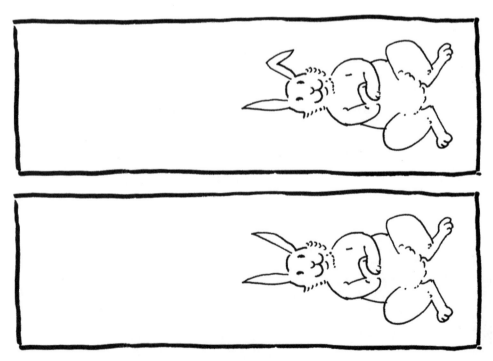

Hase mit verändertem Ohr © Donat Bräm

Trickfilm ohne Kamera

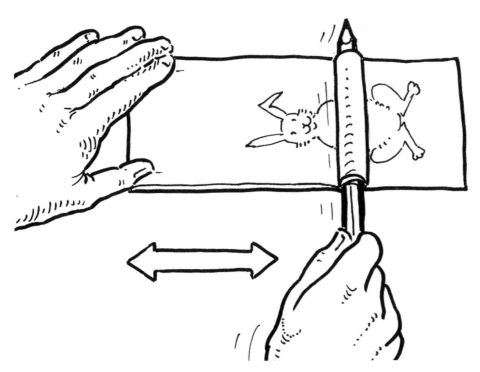

Durch schnelles Bewegen mit dem Stift bewegt der Hase das Ohr. © Donat Bräm

Hinweise zur Durchführung
Damit die Motive auf beiden Streifen identisch bleiben (bis auf die Partie, die verändert werden soll), kann beim Zeichnen durchgepaust werden (z.B. mit Kohlepapier oder am Fenster). Die beiden Streifen werden mit Büroklammern oder einem Bostitch miteinander verbunden. Nun wird der obere Streifen um einen Stift gerollt. Bewegt man den Stift schnell hin und her, entsteht der Eindruck, der Hase bewege das Ohr.

→ Vergleiche Abbildungen S. 23

Wendebild

Auch das Wendebild kann zur Veranschaulichung von Bewegung genutzt werden. Im folgenden Beispiel wird die imaginäre Verschmelzung zweier Bilder im Kopf anschaulich demonstriert. Das Wendebild ist auch unter dem Namen Wunderscheibe oder Thaumatrop bekannt.

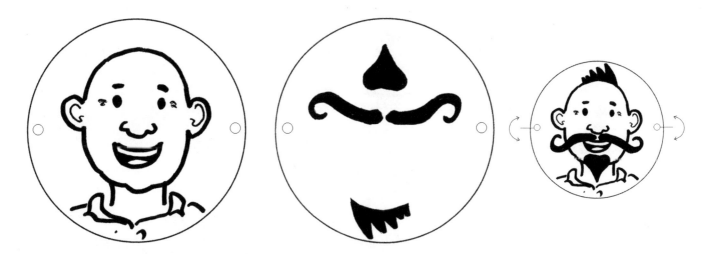

Durch schnelles Drehen entsteht die Illusion eines einzigen Bildes. © Donat Bräm

Hinweise zur Durchführung
Auf der Vorder- und der (Kopf stehenden) Rückseite einer runden Kartonscheibe werden zwei verschiedene, aber dennoch zusammenpassende Gegenstände oder Motive gezeichnet (z.B. Gesicht – Schnauz, Käfig – Vogel, Spinne – Netz, Fisch – Aquarium, Kopf – Hut). An zwei seitlich gebohrten kleinen Löchern wird je eine Schnur befestigt. Durch das schnelle Drehen der Scheibe mit Hilfe der Schnur verschmelzen die beiden gezeichneten Gegenstände oder Motive zu einem: Es entsteht die optische Illusion eines einzigen Bildes.

Der Effekt kommt noch besser zur Geltung, wenn ein Bild (Gesicht) schwarzweiss und das andere (Schnauz) mit einer Farbe gemalt wird.

Entzaubern mit Videokamera und Monitor
Als Alternative oder in Ergänzung zu Werkarbeiten kann die Entstehung von Bewegung mit elektronischen Hilfsmitteln aufgeschlüsselt und gezeigt werden, sei es mit der Einzelbildschaltung am DVD-Player oder mit gezielten Aufnahmen mit der Videokamera.

Hinweise zur Durchführung
Die Bewegung im Film wird durch den Vergleich zweier oder mehrerer Bilder sichtbar gemacht. Als Aufgabe können den Schülern und Schülerinnen die folgenden → Standbilder mit dem Auftrag, sie genau zu betrachten und alle Unterschiede zu markieren, vorgelegt werden.

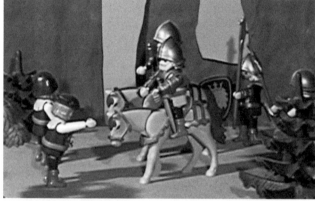

Der Vergleich zweier Standbilder macht die Bewegung deutlich.

© 2008 Lucky Comics – Morris & Goscinny

Tipps
- Standbilder von einer DVD können am Computer mit den meisten installierten DVD-Playern direkt erstellt werden. Auf diese Weise erhält man von jeder beliebigen Stelle auf der DVD schnell eine Bilddatei. Die Hilfedatei des DVD-Players gibt Auskunft über das richtige Vorgehen.
- Weil die Veränderung von einem Bild zum andern oft sehr gering respektive kaum sichtbar ist, sind für diese Übung Sprünge von 6 oder sogar 12 Bildern ratsam. 25 Bilder entsprechen einer Sekunde Video.

Weitere Möglichkeiten
- Eine Trickfilmsequenz ab DVD in → Zeitlupe oder Einzelbildschaltung betrachten und damit die Bewegung sichtbar machen.
- Mit der Videokamera Bewegungen von Kindern aufzeichnen und am Monitor gemeinsam betrachten. Sequenzen in Zeitlupe oder mit Einzelbildschaltung laufen lassen. Dazu eignen sich insbesondere Nah- und Grossaufnahmen von einfachen Bewegungen wie Augen verdrehen, Kopf drehen, Arm heben, Schritte machen oder Aufnahmen von Tätigkeiten wie Ball prellen oder werfen.

Mögliche Weiterarbeit
→ Daumenkino

→ So kommt Bewegung ins Bild, S. 12

Kurt Schöbi

Trickfilm ohne Kamera

So kommt Bewegung ins Bild
Was das Daumenkino alles kann

→ Bewegungseffekte im Zeichentrick, S. 63

Bewegung kann in verschiedenen Medien ganz unterschiedlich dargestellt werden. Comics oder Bilderbücher behelfen sich beispielsweise mit symbolischen → Speedlines und → Konturenwiederholungen oder deuten Bewegung durch ein Nebeneinander einzelner Phasenbilder an.

Konturenwiederholung und Speedlines deuten Bewegung an. © Peter Lüthi (www.siebentier.ch)

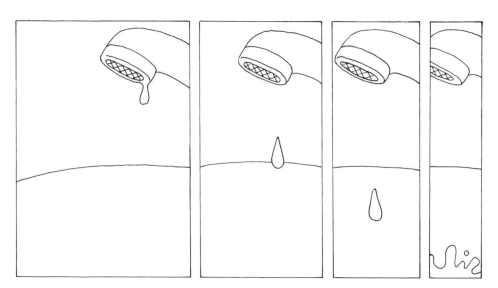

Bewegung durch Abfolge von Phasenbildern © Barbara Connell 2006, S. 39

Animation setzt im Gegensatz dazu nicht nur auf unsere Vorstellungskraft, sondern erzeugt eine tatsächliche Illusion von Bewegung. Am Beispiel des Daumenkinos kann dieser Täuschungseffekt auf einfache und eindrückliche Weise demonstriert werden. Das schnelle Abblättern einer Bilderfolge erweckt Zeichnungen oder Fotos scheinbar zum Leben und lässt uns den Übergang vom stehenden zum bewegten Bild direkt erfahren.

Trickfilm ohne Kamera

Wie der Spielfilm (mit seinen 24 Bildern pro Sekunde) macht sich das Daumenkino die Trägheit unseres Auges zunutze: Ab einem gewissen Tempo werden einzelne Eindrücke oder Phasen einer Sequenz nicht mehr separat wahrgenommen. So erkennt das menschliche Auge Bilder, die schneller als eine Sechzehntelsekunde aufeinander folgen, nicht mehr als getrennte Einzelbilder, weil das vorangehende Bild noch immer auf der Netzhaut nachwirkt, wenn das folgende Bild auf ihr eintrifft. Unser Gehirn deutet die rasche Abfolge dann als kontinuierliche Bewegung, in der die schrittweisen Bildveränderungen miteinander verschmelzen.

Hinweise zur Durchführung
Als Einstimmung ins Thema überlegen die Schülerinnen und Schüler, wie Bewegung und Geschwindigkeit in Zeichnungen, Bilderbüchern, Comics oder in der Fotografie dargestellt werden. Zur Illustration sammeln sie Beispiele aus verschiedenen Medien (Pfeile in Grafiken; → Bewegungslinien, Symbolwölkchen in Comics; unscharfe Objekte auf Fotos, verwischter Hintergrund beim Mitziehen der Kamera).

→ Vergleiche Abbildungen S. 65

Daumenkino

Bereits im Kindergarten und auf der Unterstufe können sich Kinder auf spielerische Weise mit den Grundlagen der Animation vertraut machen. Neben optischen Spielzeugen wie dem → Streifenkino oder → Wendebildern lassen sich nach Anleitung einfache Daumenkinos ab Kopiervorlage herstellen. Das exakte Zuschneiden und Zusammenfügen der Einzelbilder setzt allerdings sorgfältiges Arbeiten voraus. Stehen Beispiele fertiger Daumenkinos zur Verfügung, können die Kinder auch damit experimentieren, ihre Fingerfertigkeit im schnellen und regelmässigen Durchblättern der Bilder üben und die Filme nach Belieben vorwärts oder rückwärts anschauen.

→ Filmtechnik ganz einfach, S. 8

 PDF Daumenkino_Word und Daumenkino_iStopMotion

Hinweise zur Durchführung
Die Bilder der Kopiervorlage werden sorgfältig ausgeschnitten, nach Wunsch ausgemalt und dann in der nummerierten Reihenfolge zu einem Trickfilmbüchlein im Taschenformat zusammengeheftet.

PDF Daumenkino_Siebentier und Daumenkino_SiebentierSW

Tipps
- Es empfiehlt sich, für die Kopien etwas stärkeres Papier (mind. 120 g/m²) zu verwenden. Dickere Stapel können gelocht und dann gebunden oder verschraubt werden.
- Falls die Kinder noch nicht mit den Zahlenziffern vertraut sind, brauchen sie entsprechende Hilfeleistung. Statt mit Zahlen können die einzelnen Bilder auf der Rückseite auch mit Farbpunkten oder -strichen kodiert werden (z.B. 1 bis 5 rote Punkte, dann blaue, grüne usw.). Bei einfachen Bewegungsabläufen können die Schüler/innen versuchen, die richtige Reihenfolge aus den Abbildungen zu erschliessen.
- Mit dem Programm iStopMotion (Mac OS) können Phasenfotos nicht nur aufgenommen, importiert, montiert und animiert werden, sondern auch direkt aus dem Programm als Daumenkino-Vorlage ausgedruckt werden. Benötigt man die Software nur wenige Wochen, kann auch mit den kostenlosen Testversionen gearbeitet werden, die im Internet zum Download angeboten werden.

Mögliche Weiterarbeit; Variante
Am Computer lassen sich aus beliebigen Filmausschnitten selbst Kopiervorlagen für Daumenkinos erstellen. Mittels Bildschirmfotos (→ Screenshots) wird die betreffende Sequenz zuerst in Phasen zerlegt und dann auf mehreren Seiten als Serie von Einzelbildern montiert und ausgedruckt.

Weiteres Material
- Zur Frage «Wie wird eigentlich ein Trickfilm hergestellt?» gibt die Website zur «Sendung mit der Maus» Auskunft. Das Verfahren wird anhand von Einzelbildern eines Mausspots anschaulich erklärt und als fertige GIF-Animation vorgeführt: www.wdrmaus.de/lachgeschichten/mausspots/trickfilm.phtml (1.11.07).
- Im Internet können über Suchmaschinen weitere Kopiervorlagen und Bastelanleitungen für einfache Daumenkinos (engl. *flipbooks*) gefunden werden, zum Beispiel:
  · Löwenzahn-Daumenkino (Vorlage und Kurzanleitung): www.tivi.de/fernsehen/loewenzahn/artikel/00292/ (7.12.2007)
  · Dinosaurier: www.fieldmuseum.org/sue/kid_images/flipbook.pdf
  · Traummaschine: www.rossipotti.de/ausgabe09/daumenkino/daumenkino.pdf

Spezialeffekte und Fantasiegeschichten

Nach der Methode des Daumenkinos lässt sich mit Farben und Formen ein buntes Fantasie-Feuerwerk inszenieren oder eine kurze Geschichte erzählen.

Man kann dabei einfach drauflos experimentieren oder seine Geschichte sorgfältig planen.

Hinweise zur Durchführung
- Die Bildfolge kann Blatt für Blatt direkt in einen kleinen Notizblock gezeichnet und gemalt werden. Man beginnt mit dem untersten Blatt, bringt auf der nächsten Seite jeweils eine kleine Veränderung an und paust die unbewegten Bildelemente durch. – Zur Unterstreichung von Bewegungen dürfen im Daumenkino auch Bewegungslinien im Stil der Comics zum Einsatz kommen.

PDF
Storyboard1, Storyboard2
- Die Schüler/innen skizzieren in einem → Storyboard einen kleinen Handlungsablauf und übertragen die einzelnen Phasen auf zugeschnittene Zettel, die sich am Schluss zu einem Taschenkino binden, heften oder zusammenschrauben lassen.

PDF
Gehphasen
- Während das Storyboard die Geschichte ähnlich wie ein Comic vorerst nur in wenigen Bildern festhält, werden für ein Daumenkino natürlich wesentlich mehr Zeichnungen benötigt. Es gilt vor allem darauf zu achten, von Bild zu Bild nur wenig zu ändern, damit die Übergänge nicht zu abrupt wirken und beim schnellen Durchblättern eine fliessende Bewegung entsteht.

Mögliche Weiterarbeit; Variante
- Das Storyboard soll den Schülerinnen und Schülern bei der Planung ihrer Trickfilmgeschichte helfen, kann aber auch als eigenständige Bildergeschichte weiterentwickelt oder als Comic mit Sprechblasen ausgearbeitet werden.

→ Der Computer macht's möglich, S. 26
- Zeichnungen und Malbilder können auch am Computer erstellt und animiert werden (z.B. mit Programmen wie PowerPoint oder AniPaint).

Dokumentation im Sachunterricht

Das Daumenkino eignet sich hervorragend dazu, Bewegungsabläufe und Veränderungsprozesse im Detail zu studieren und in Einzelphasen abzubilden. Momentaufnahmen können entweder zeichnerisch oder durch eine Folge von Fotos festgehalten und als «Dokumentation im Taschenformat» mit unterschiedlicher Geschwindigkeit vorwärts oder rückwärts «abgespielt» werden. Ein paar Beispiele aus verschiedenen Unterrichtsbereichen:

→ Wie aus der Pistole eine Banane wird, S. 49

- Veränderung des Schattens, wenn eine Lichtquelle um ein Objekt wandert (perspektivisches Zeichnen)
- Weg einer Kugel auf dem Billardtisch (Geometrie)
- Bewegungsabfolge beim Laufen, Rudern, Schwimmen usw. (Sport)
- Flügelschlag eines Vogels, Sprung eines Frosches (Biologie)
- Flugbahnparabel eines katapultierten Gegenstandes (Physik)
- Rückzug der Gletscher, Entstehung der Kontinente (Geografie)
- Jonglieren mit Bällen (Sport)

Hinweise zur Durchführung

- Um Veränderungen oder Bewegungen zu dokumentieren, werden mit der Digitalkamera entweder die Phasen Schritt für Schritt einzeln fotografiert oder mittels Serienaufnahme am Stück aufgezeichnet.
- Um Bewegungsabläufe auf Video oder DVD genau zu analysieren, wird ein Filmausschnitt in → Zeitlupe oder mittels Einzelbildschaltung betrachtet. Die einzelnen Phasen werden vom → Standbild entweder als Skizzen oder am Computer in Form von Screenshots festgehalten und weiterbearbeitet.

Mögliche Weiterarbeit; Variante

- Nicht nur durch verlangsamtes Blättern, sondern auch durch Einfügen zusätzlicher Zwischenbilder (beziehungsweise mehrfacher Verwendung jedes Phasenbildes) kann beim Daumenkino Zeitlupe simuliert werden. Auf diese Weise können Vorgänge dargestellt und studiert werden, die für unser Auge zu schnell ablaufen:
  · Chamäleon fängt ein Insekt
  · Aufprall eines Tropfens auf der Wasseroberfläche
  · Crashtest in der Automobilindustrie
- Analog können in der Art des → Zeitraffers Veränderungen dokumentiert werden, die sich auf Grund ihrer langen Dauer unserer Wahrnehmung weitgehend entziehen:
  · Wachstum einer Pflanze
  · Schmelzen eines Schneemanns
  · Entstehung eines Bauwerks
  · Mondphasen, Sonnenfinsternis, Wolkenbildung
  · Verfaulen eines Apfels
  · Konstruktion eines Spinnennetzes

PDF Kurbelkino

Daniel Ammann

Kinder und ihre Trickfilmfiguren

Tiger und Bär sind Marketingspezialisten
Erkennen verschiedener Animationstechniken anhand von Fernsehwerbung

PDF
Zeichentrickserien

Animationsfilme gehören für Kinder zu den beliebtesten TV-Sendungen überhaupt. Sie kennen die Programme gut, in denen solche Filme ausgestrahlt werden. Diese sind – mit Ausnahme jener des Kinderkanals (KIKA) – durchsetzt mit zielgruppenorientierter Werbung, die sich die Beliebtheit von Animationsfilmen bei den Kindern zunutze macht.

Die Werbung im Umfeld von Kindersendungen liefert daher ein gutes Anschauungsmaterial für das Erkennen verschiedener Animationstechniken.

© Warner Bros. Germany

© HARIBO GmbH & Co.

© Mattel GmbH

Werbespots in Kinderprogrammen: Animationstechniken dominieren

Animationstechniken erkennen

Die Arbeitsideen dieser Einheit bestehen darin, die Schülerinnen und Schüler für das Erkennen unterschiedlicher Animationstechniken zu sensibilisieren. Anhand von Werbespots sollen die Kinder erkennen, welche Art Animationsfilm angewendet worden ist.

Je nach Stufe ist zudem eine altersgerechte Thematisierung der formalen Gestaltungsmittel möglich, mit denen die Werbung Kinder als Konsumenten anzusprechen versucht.

→ Die Einstellung macht die Geschichte, S. 58

Hinweise zur Durchführung

Die tagsüber ausgestrahlten Kinderprogramme vor allem der privatrechtlichen TV-Anbieter (SuperRTL, Pro7 usw.) eignen sich besonders für die Aufnahme von aktuellen Werbespots, in denen Animationsfilmtechniken vorkommen und bei denen die Kinder das Zielpublikum sind.

Den Schülerinnen und Schülern ist die Animationstechnik (→ Daumenkino und → Stopptrick) bereits bekannt, was sie in die Lage versetzt, zwischen zweidimensionalen (gezeichneten) und dreidimensionalen Darstellungen zu unterscheiden. In einer ersten Annäherung an die Charakteristik der verschiedenen Animationstechniken sowie ihrer Verwendung für die Werbung eignet sich folgendes Vorgehen:

| Gemeinsames Visionieren von mit Animationsfilmtechniken produzierten Spots

- Gibt es Unterschiede in der Darstellung (Zeichentrick, Puppenanimation, Mischformen von Animations- und Realfilm)?
- Für welche Produkte wird geworben?
- Kategorisierung der in Animationsfilmen beworbenen Produkte, z.B. Süsswaren, Spielzeuge, Getränke, andere Nahrungsmittel, Computerspiele usw.

Tipp
Die oben aufgeführten Fragestellungen und Aufträge können auch auf einem Arbeitsblatt abgegeben und an einem Werkstattplatz in einer Zweier- oder Dreiergruppe diskutiert und beantwortet werden.

Trickfilme in der Werbung
Warum besteht im Umfeld von Kinderprogrammen die Werbung oft aus Animationsfilmen?

Hinweise zur Durchführung
Je nach Stufe können die Beliebtheit von Animationsfilmen bei Kindern, die dramaturgischen (Werbespot als Minidrama) oder die wahrnehmungspsychologischen Merkmale (satte Farben und monochrome Farbflächen mit Signalwirkung) von Werbespots in Animationsfilmen thematisiert werden.
- Welche Farben sind in den Werbespots vorherrschend? Emotionale, symbolische Bedeutungen verschiedener Farben? Besteht ein Zusammenhang mit den beworbenen Produkten?
- Welche Figuren kommen in den Werbespots vor und gibt es einen Zusammenhang mit den beworbenen Produkten? Häufig werden, ähnlich wie in vielen Comics, anthropomorphisierte, d.h. vermenschlichte Tierfiguren verwendet.
- Welches sind die «Gefahren» von Werbefilmen in Animationstechnik (z.B. unrealistische Darstellung der Fähigkeiten von Indoor- und Outdoor-Spielzeugen sowie Puppen)?

Tipps
- Als Alternative zu Beispielen aus der Werbung für Konsumgüter können kurze Ausschnitte verschiedener Animationsfilme von der DVD heruntergeladen und neu zusammengestellt werden.
- Eigene Videoaufnahmen aus aktuellen Programmen, die unterschiedliche Animationstechniken demonstrieren sollen, sind zeitaufwändig. Die meisten der Animationsfilme, die im Rahmen der Kinderprogramme für Produkte werben, sind Zeichentrickfilme. So müssen für eine Sammlung unterschiedlicher Animationstechniken unter Umständen mehrere Aufnahmen von verschiedenen Programmen oder Sendern gemacht werden.

Hinweis
In der Werbung werden Animationsfilme fast ausschliesslich digital generiert. Zeichen- oder Puppenanimationen sind daher kaum je real mittels Stopptrick hergestellt. Trotzdem können die kurzen Filme dazu dienen, verschiedene Animationsfilm-Genres unterscheiden zu lernen.

Werbung selbst gemacht

- Zeichnen eines eigenen Maskottchens für die Klasse oder eine Gruppe (z.B. analog der Einteilung von Gruppen in der Unterstufe, die häufig mit Tieren – Igel, Hasen, Mäuschen usw. – erfolgt).
- Einen kurzen (Werbe-)Spot in Animationstechnik für ein eigenes Anliegen oder selbst gefundenes Thema herstellen (z.B. mit Stopptrick):
  - «Werbespot» für richtiges Verhalten im Strassenverkehr: Varianten eines «Luege-lose-laufe»-Spots mittels Spielzeugautos und Playmobilfiguren
  - Ein Schülerpult, das sich selbst aufräumt: Alle Utensilien verschwinden im Etui oder in der Schulmappe.
  - Anti-Littering-Werbung: Der Papierkorb läuft dem Abfall hinterher.
  - Anti-Raucher-Werbung: Eine Hand versucht vergebens, eine davonrollende Zigarette zu fassen.

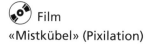
Film «Etui» (Legetrick)

Film «Mistkübel» (Pixilation)

Tipp
Es ist eher davon abzuraten, die Schüler/innen mittels Animationstechniken eigene Spots zur Werbung für bestehende Produkte herstellen zu lassen. Denn dabei besteht die Gefahr des Versuchs von Imitationen bestehender Werbung, was wenig kreativ ist und in Folge der eingeschränkten gestalterischen und technischen Möglichkeiten bei den Schülerinnen und Schülern häufig zu Enttäuschungen über die entstandenen Filme führt. Humoristische Persiflagen verlangen ein gewisses Mass an dramaturgischen Fähigkeiten.

Arnold Fröhlich

Laura, Lars und Co.
Geschichten und Figuren in verschiedenen Medien

Trickfilme üben auf Kinder eine grosse Anziehungskraft aus. Insbesondere TV-Serien schaffen eine enge Bindung zu den Figuren. Hier können Kinder eine Welt jenseits ihres Alltags erleben und in einen Fantasieraum mit eigenen Gesetzen und Regeln eintreten. Gleichzeitig spielen in den Geschichten immer wieder Themen eine Rolle, die einen Bezug zu Entwicklungsaufgaben der Altersgruppe herstellen. In vielen Trickfilmabenteuern geht es um kindliche Neugier und Entdeckungsfreude, um die Bewältigung von Ängsten und Gefahren oder darum, neue Freunde zu finden, sich zu behaupten oder anderen zu helfen.

Die virtuellen Freunde der Kinder sind oft gleichzeitig in unterschiedlichen Medien verfügbar. Ein literarischer Stoff wird zum Beispiel als Spielfilm oder TV-Serie umgesetzt, als Hörbuch oder Hörspiel auf verschiedenen Tonträgern produziert und kommt als interaktives Computerspiel auf CD-ROM auf den Markt. Ergänzt werden diese Angebote durch eine breite Palette von sogenannten → Merchandising-Artikeln.

Spielgeschichten mit bekannten Figuren aus Büchern und Trickfilmen

→ Tiger und Bär sind Marketingspezialisten, S.18

Die Beschäftigung der Kinder mit beliebten Medienfiguren und Geschichten bietet im Unterricht Gelegenheit, der Faszination von Trickfilmen nachzugehen sowie Grenzen und Möglichkeiten unterschiedlicher medialer Darbietungsformen zu erkennen. Am Beispiel von Merchandising-Produkten wird deutlich, dass die fiktiven «Medienfreunde» auch dazu benutzt werden, uns etwas zu verkaufen.

Merchandising mit Medienfreunden

Bei der Lancierung eines neuen Produktes sind Strategien der Vermarktung von grosser Bedeutung. Wie andere Medienprodukte werden Animationsfilme deshalb durch den Verkauf von Begleitbüchern und Tonträgern, aber auch durch Artikel wie Pins, Kartenspiele, Baseballmützen, T-Shirts und vieles mehr mitfinanziert. Dieses Zusatzgeschäft mit Medien, Spielzeug und Konsumartikeln soll gleichzeitig die Popularität des Medienproduktes steigern.

Hinweise zur Durchführung
Die Kinder erstellen zu Hause eine Liste von Gebrauchsgegenständen, Kleidungsstücken und anderen Utensilien, auf denen Medienfiguren abgebildet sind, und bringen als Beispiel einen solchen Gegenstand mit (z.B. Tasse mit Janosch-Figur, Kissenbezug mit Disney-Charakter, Diddl-Poesiealbum). – Welche Figuren stammen aus bekannten Trickfilmen? Kennen wir die Geschichte dazu? Gibt es diese auch in anderer Form (Buchvorlage, Hörkassette, Comic, Realfilm, Computerspiel)?

Die Stärken meiner Lieblingsfigur

Stellvertretend für das Kind erleben Figuren in Trickfilmen und anderen Medienangeboten manchmal die wildesten Abenteuer. Sie sind als Identifikationsfiguren Projektionsfläche für eigene Gefühle oder symbolisieren im Gegenteil das Fremde oder Bedrohliche. Gerne greifen solche Geschichten Themen der kindlichen Lebenswelt auf. In der Handlung eines Trickfilms, aber auch in Anschlussgesprächen oder im Nachspielen einzelner Episoden können Kinder sich so in einem geschützten Rahmen mit schwierigen Lebenssituationen auseinandersetzen und eigene Ängste oder Wünsche verarbeiten:

- Nach dem Umzug in die grosse Stadt fühlt sich Laura zuerst verloren. Als sie einen vom Himmel gestürzten Stern findet und diesen gesund pflegt, beginnt eine wundersame Freundschaft. Aber der kleine Stern hat Heimweh und Laura erkennt, dass sie ihn wieder gehen lassen muss.
- Den neugierigen kleinen Eisbären Lars verschlägt es immer wieder in fremde Gegenden, aber er gewinnt auf seinen mitunter gefährlichen Abenteuern jedes Mal neue Freunde und findet mit deren Hilfe wieder sicher nach Hause.
- Der kleine Wickie ist zwar nicht so stark und auch ein ziemlicher Angsthase, aber auf den abenteuerlichen Reisen der Männer aus Flake hilft er den tapferen Wikingern mit seinem klugen Köpfchen immer wieder aus der Patsche.

Hinweise zur Durchführung
Die Kinder suchen sich eine Lieblingsfigur aus einem Trickfilm aus und erstellen einen kleinen Steckbrief. Wer sind ihre Freunde? Was mag die Figur gerne und was nicht so gerne? Was kann sie besonders gut? Wovor hat sie am meisten Angst?

Möglicher Weiterarbeit

Streifenkino: Die Kinder zeichnen ihre Figur nach Vorlage ab oder pausen sie durch. Auf einem zweiten Blatt werden kleine Details so verändert, dass die Figur im Streifenkino zum Leben erweckt wird. Alternativ können zum Beispiel auch ab einer Spielgeschichte auf CD-ROM oder einem digitalen Trickfilm mittels → Screenshots Phasenbilder erzeugt, ausgedruckt und zu einem Streifenkino zusammengefügt werden.

→ Filmtechnik ganz einfach, S. 8

PDF Streifenkino_Willi_Wiberg

Aus zwei Phasenbildern einer Spielgeschichte lässt sich ein Streifenkino basteln.

© Gunilla Bergström, from Willi Wiberg – Pennfilm AB

Trickfilmtrailer als Comic

Statt eine Geschichte selber zu einem Trickfilm zu animieren, kann zur Abwechslung auch ein Animationsfilm oder eine Trickfilmepisode in → Standbildern nacherzählt werden. Durch den Wechsel vom audiovisuellen Film zur statischen Bildersequenz mit Schrift werden die spezifischen Eigenschaften und Möglichkeiten der jeweiligen Medientypen hervorgehoben.

Hinweise zur Durchführung

Die Lehrperson stellt eine Auswahl an ausgedruckten Standbildern aus dem Film zur Verfügung und die Kinder versuchen, die Handlung oder einen Teil der Geschichte als Bilderfolge nachzuerzählen.

Tipp

Wie bei einem Comic oder einem Fotoroman lassen sich erzählende Bildlegenden oder Sprechblasen einfügen. Grössere Schwarzweissvorlagen können nach Belieben ausgemalt und zu einem eigenen Bilderbuch montiert werden.

Mögliche Weiterarbeit

Die Kinder denken sich eine kurze Episode aus, in der Figuren aus zwei oder mehreren verschiedenen Geschichten zusammentreffen und gemeinsam etwas erleben. Die Lehrperson kann dazu ebenfalls ausgedruckte Screenshots aus verschiedenen Geschichten zur Verfügung stellen und die Kinder fügen die Ausschnitte zu einer eigenen Bildergeschichte zusammen und ergänzen diese mit passenden Sprechblasen.

Weiteres Material

Hinweise für die Produktion eines Minibooks (inklusive Faltanleitung) finden sich unter: www.minibooks.ch. Zur Herstellung eines elektronischen Minibooks vergleiche auch: www.lehrer-online.de/minibook.php

Daniel Ammann

Techniken des Animationsfilms

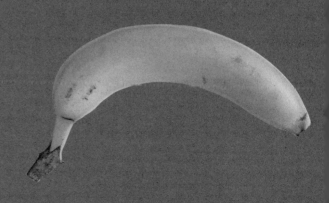

Der Computer macht's möglich
Digitale Werkzeuge für die Trickfilmherstellung

→ Deckel auf –
Deckel zu, S. 47

Um gute Trickfilme herzustellen, benötigt man heute keineswegs eine teure Spezialausrüstung oder ein aufwändiges Filmstudio. Schon mit einer Digitalkamera oder einer günstigen Webcam können Fotos aufgenommen und mit entsprechender Software zu kleinen Filmen zusammengefügt werden. Die digitalen Aufnahmen können mit Bildbearbeitungsprogrammen vervielfältigt und verändert werden. Selbst herkömmliche Zeichnungen auf Papier oder Folien sowie Collagen und Legebilder lassen sich mit einem Scanner auf den Computer übertragen und digital weiterverarbeiten. Die Bilder zu einer Animationssequenz können aber ebenso mit Zeichnungs- und Malprogrammen direkt am Computer entstehen. Das Prinzip ist immer das gleiche: Aus Einzelbildern werden Filme.

Die folgenden Kapitel beleuchten verschiedene Arbeitsmethoden und stellen ausgewählte Trickfilmtechniken vor. Dabei wird bewusst auf detaillierte technische Anleitungen verzichtet. Zum einen ändert sich das Marktangebot sehr rasch und bekannte Software wird laufend aktualisiert. Zum anderen werden die Programme in der Bedienung immer intuitiver, verfügen in der Regel über gute integrierte Hilfefunktionen und werden meist ausführlich dokumentiert. Nützliche Tipps, Arbeitsvorschläge und Kurzanleitungen zu einigen der geläufigen Programme finden sich auf der DVD.

→ Kinder dirigieren Pinselstriche, S. 29

 PDF
AniPaint1, AniPaint2

Ani...Paint
Das Zeichnungs- und Gestaltungsprogramm Ani...Paint bietet schon Kindern mit wenig Computererfahrung die Möglichkeit, auf einfache Weise eigene Bilder zu komponieren, zu animieren und nach Wunsch mit einer Tonspur zu versehen.

Präsentationssoftware
Ebenso lassen sich bewegte Bildergeschichten mit einer Präsentationssoftware wie PowerPoint (Microsoft), Keynote (Apple) oder dem Präsentationstool des kostenlosen Open-Source-Programms OpenOffice bzw. NeoOffice realisieren. In all diesen Programmen können vorhandene Bilder auf einzelnen Folien platziert oder eigene Zeichnungen mit den integrierten Werkzeugen erstellt werden.

Das Vorgehen ist denkbar einfach: Die erste Folie mit einer Zeichnung wird dupliziert, dann wird die Zeichnung auf der zweiten Folie leicht verändert und die Folie wiederum dupliziert usw. (Als Alternative können auch auf einer einzelnen Folie Bewegungsabläufe durch Festlegen von Animationspfaden erstellt werden.)

Der Einsatz des Computers hat gegenüber der Arbeit mit Papier vor allem den grossen Vorteil, dass die einzelnen Phasenbilder nicht jedes Mal neu gezeichnet oder durchgepaust werden müssen. Arbeitsschritte können zudem jederzeit rückgängig gemacht werden, falls man mit dem Resultat nicht zufrieden ist. Schon bevor der Film fertig ist, lassen sich Teilsequenzen im Präsentationsmodus anschauen und daraufhin überprüfen, ob Bewegungsabläufe und Übergänge stimmen. Nach Wunsch können weitere Zwischenbilder erstellt und in die Sequenzen integriert werden. Durch Hinzufügen von Musik, gesprochenem Text oder Geräuschen erhalten die Animationen schliesslich den passenden Soundtrack und können nun als multimediale Trickgeschichten vorgeführt werden. Die Präsentation kann zum Beispiel so eingestellt werden, dass sie nach dem Öffnen automatisch als animierte Sequenz abläuft, in der die Folien je nach Programm in Intervallen von einer Sekunde (PowerPoint) oder sogar schneller vorgeführt werden. Das Ganze lässt sich auch als QuickTime-Filmchen exportieren und kann in dieser Form im Internet gezeigt, per Mail verschickt oder auf einer CD verteilt werden.

PDF
PowerPoint-Musik

Anleitungen und Anregungen zur Arbeit mit PowerPoint befinden sich auf der beigefügten DVD. Auf ähnliche Weise kann mit Keynote oder OpenOffice/NeoOffice gearbeitet werden. Die jeweiligen Präsentationsprogramme verfügen in der Regel über ausführliche Hilfefunktionen und dürften auch Anfängerinnen und Anfängern wenig Schwierigkeiten bereiten.

PDF
PowerPoint-Trickgeschichte1 und PowerPoint-Trickgeschichte2

Bewegte Bildergeschichte

© Werkzeugkiste Computer, S. 167

Trickfilmstudio im Computer

Neben Standardprogrammen wie PowerPoint oder Mal- und Zeichenprogrammen existieren zahlreiche Softwareangebote, die für die Trickfilmarbeit besondere Vorzüge aufweisen. So bietet zum Beispiel iStopMotion (für Mac) eine äusserst einfache Arbeitsoberfläche. Mit integrierter oder angeschlossener Kamera kann das Bild auf dem Bildschirm laufend kontrolliert und die Aufnahme mit der Leertaste ausgelöst werden. Dank der Funktion «Vorschau-Überlagung» bleibt die gemachte Aufnahme auf Wunsch weiterhin sichtbar und dient damit als Orientierung vor dem nächsten Schnappschuss. Bilder können aber ebenso mit einer Digitalkamera

PDF
iStopMotion_Schule;
iStopMotion_Handbuch

PDF
Daumenkino_iStopMotion

→ Wie aus der Pistole eine Banane wird, S. 49

PDF
iStopMotion2_Handbuch

PDF
MovieMaker-Trickfilm1 und MovieMaker-Trickfilm2

erstellt, ins Programm importiert und zu einem Film zusammengefügt werden. Besonders reizvoll ist bei iStopMotion die Möglichkeit, Phasenbilder direkt als Daumenkino auszudrucken. Selbst fertige Filmsequenzen können importiert und auf diese Weise in ein Daumenkino verwandelt werden. Dank einer weiteren Spezialfunktion lassen sich mit dem vielseitigen Programm aber nicht nur Stopptrick-Animationsfilme, sondern auch Zeitrafferaufnahmen herstellen.

Mit der Folgeversion iStopMotion 2 oder StopMotionPro (für Windows) können Einzelbilder sowie ganze Filmsequenzen sogar als Vorder- oder Hintergrund in die Filmszene eingebunden werden und ermöglichen mit diesem Blueboxeffekt beispielsweise die Kombination von gezeichneten Motiven und Realaufnahmen.

Kostenpflichtige Programme wie iStopMotion und QuickTimePro oder im Lieferumfang eines Computers enthaltene Videobearbeitungsprogramme wie iMovie (für Mac) und MovieMaker (für Windows) bieten geeignete Möglichkeiten, aus Digitalaufnahmen Trickfilme herzustellen. Einzelbilder ab Fotokamera oder Scanner können auf den Computer übertragen und dann – direkt oder nach digitaler Bearbeitung – in das entsprechende Programm importiert werden. Durch Festlegen der Bildfrequenz, nachträgliches Vervielfachen, Verschieben oder Entfernen einzelner Phasenbilder erhält der Trickfilm seine endgültige Form und kann schliesslich im gewünschten Format abgespeichert, im Internet veröffentlicht oder auf DVD gebrannt werden.

Shareware-Programme und Testversionen

Neben Gratissoftware aus dem Internet (zum Beispiel um 3-D-Grafiken oder Morphing-Sequenzen zu erstellen) können viele leistungsfähige Programme als Demoversionen heruntergeladen und für beschränkte Zeit kostenlos getestet werden. Manchmal lassen sich bereits mit diesen Testversionen kleine Projekte realisieren, allerdings muss vorgängig geprüft werden, ob die Nutzung gewissen Einschränkungen unterliegt (z.B. eingeschränkte Funktionalität oder Schrifteinblendung im Filmbild).

Professionelle und komplexe Programme, wie sie für die Bildbearbeitung oder den Videoschnitt zum Einsatz kommen, mögen zwar über spezielle Eigenschaften und Kniffe verfügen, bedingen allerdings auch hohe Investitionskosten und längere Einarbeitungszeit. Das kreative Trickfilmprojekt sollte aber keinesfalls durch unnötige technische Hürden an Schwung verlieren. Deshalb empfiehlt es sich, möglichst mit jenen Programmen zu arbeiten, die bereits vorhanden oder einfach zu beschaffen und ohne grosse Vorkenntnisse zu bedienen sind.

Links

www.istopmotion.com
www.application-systems.de/istopmotion – Deutschsprachige Website mit Downloads, Demolizenzen, Beispielfilmen und Handbüchern als PDF
www.stopmotionpro.com
www.mediamanual.at/mediamanual/workshop/video/animation/animat_05.php – Kurzes Tutorial für StopMotionPro
http://www.apple.com/de/quicktime/mac.html
http://www.apple.com/de/quicktime/win.html

Daniel Ammann

Techniken des Animationsfilms

Kinder dirigieren Pinselstriche
Animieren mit Ani...Paint

Kinder lieben Geschichten und lassen sich gerne in andere Welten entführen. Feiern ihre Lieblinge Erfolge, freuen sie sich mit ihnen, widerfährt ihnen Ungemach, leiden sie mit. Es ist ihre Welt, die Welt des Fantasierens und Fabulierens, die Welt der bunten, aber auch dunklen Farben. Immer ist damit ein Stück Persönlichkeit und Lebenserfahrung verbunden, was jede Geschichte einzigartig und entsprechend wertvoll macht.

Am Anfang jeder Geschichte ist eine Idee und oft ein weisses Blatt Papier. Die Kinder beginnen zu schreiben oder zu malen ...
Eine Alternative bietet die Software Ani...Paint (*Ani*mated *Paint*ing). «Ani...Paint ist ein buntes Multimedia-Programm, das, ausgehend von einer schwarzen Zeichnungsfläche, mit einfachen Mitteln die Möglichkeit bietet, mit Bild, Text, Ton und Video Neues zu realisieren.» So beschreibt der Hersteller seine Software und verspricht damit nicht zu viel.

Hinweise zur Durchführung
Mit dünnen oder dicken Pinselstrichen malen Kinder mit der Maus Landschaften und Figuren und ergänzen die Zeichnungen nach Belieben mit geschriebenem oder gesprochenem Text. Zusätzlich können Töne und Geräusche beigefügt und damit komplexe Bildkompositionen erstellt werden. Ein zweites, drittes Bild – die Anzahl ist beliebig – wird angefügt, wodurch ein animiertes Bilderbuch entsteht.
Was Ani...Paint speziell macht und von anderen Malprogrammen unterscheidet, ist die Eigenschaft, dass jeder Arbeitsschritt, jeder Pinselstrich automatisch festgehalten und aufgezeichnet wird. Mit einem Klick auf die Play-Taste wird die Entstehung des Bildes in genau dieser Reihenfolge wiedergegeben und als «Film» abgespielt. Die Geschwindigkeit ist dabei frei wählbar und für Korrekturen kann jeder Arbeitsschritt gezielt angesteuert werden.

Werkzeugpalette von Ani...Paint

PDF
AniPaint1 und AniPaint2

Ein Bild entsteht

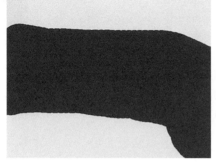
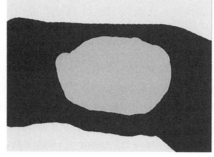
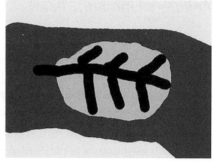

Anna und Maria-Elena haben den schwarzen Hintergrund durch das saftige Grün einer Wiese ersetzt und zeichnen einen Fluss.

Mitten in den Fluss wird ein oranges Oval platziert ...

... das sich durch das Hinzufügen der Adern bald als Blatt entpuppt.

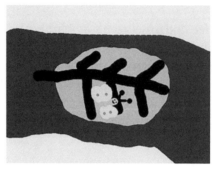

Darauf nimmt der erste ...

... und unmittelbar darauf auch der zweite Schmetterling Platz.

 Film
«Die zwei Raupen namens: Zwibelchen und Flugsause» (Anipaint)

- Spielerischer Einstieg: Malwerkzeuge erklären und kurze Zeichnungsaufträge für das Erstellen eines Einzelbildes erteilen; dabei sofort die Animation geniessen. «Zeichnet ein Haus, eine Blume, euer Fahrrad ...» Komplexere Bilder folgen: Spielplatz, Badeanstalt, mein Zimmer ...
- Besonders attraktive Bilder entstehen, wenn bereits mit dem Auftrag eine Entwicklung, ein Ablauf, eine Animation verbunden ist:
  · Ein Baum im Frühling: Blätter und Blüten spriessen.
  · Die Nacht bricht über die Stadt herein: Lichter gehen an, Fenster werden beleuchtet, Vorhänge zugezogen, Leuchtreklamen wechseln ihre Farben ...
- Sukzessive können weitere Werkzeuge (Schnitt, Radieren, Text, Ton, Rede, Bild usw.) mit adäquaten Aufgaben eingeführt werden.
- Selber Geschichten erfinden und auf mindestens vier Seiten erzählen
- Kurzgeschichten, Gedichte, Comicszenen, Witze in Animationen umwandeln
- Darstellen von Abläufen (Jahreszeiten, Wasserkreislauf ...)

Mögliche Weiterarbeit
Der Einbezug von Bild, Ton und Video erschliesst zusätzliche Fertigkeiten mit Informations- und Kommunikationstechnologien (ICT): Bilder scannen und bearbeiten, fotografieren, videografieren und schneiden ...

→ Deckel auf – Deckel zu, S. 47

Daraus ergeben sich mit Ani...Paint neue Kombinationen wie zum Beispiel ein Rundgang durch das Quartier, Dorf, die Stadt: Karte als Hintergrundbild einfügen, Weg von Punkt A nach B mit Malstift zeichnen, Bild des Gebäudes oder Objektes aufscheinen lassen, gesprochene oder geschriebene Erläuterungen zum Bild hinzufügen; und weiter geht's mit dem Malstift zu Punkt C ...

Tipps

- Geschichten in einzelne Bilder und Szenen unterteilen. Dazu ist das skizzenhafte Erstellen eines → Storyboards sehr hilfreich. Zudem bietet sich so der Lehrperson Gelegenheit, Abläufe und Technik vor der eigentlichen Produktion mit den Schülerinnen und Schülern zu besprechen. → Vergleiche S. 75
- Das Zeichnen aus unterschiedlichen Perspektiven und in verschiedenen Einstellungsgrössen erhöht die Attraktivität der Animation. → Die Einstellung macht die Geschichte, S. 58
- Wiederkehrende Kulissenbilder können in einem Malprogramm erstellt und als Basisbild in Ani...Paint eingefügt werden.
- Ani...Paint kann als Alternative zur Maus auch mit einem elektronischen Zeichenbrett kombiniert werden.
- Ani...Paint ist als Hybrid CD-ROM Windows / Mac OS X (10.2) deutsch, französisch, italienisch erhältlich.

Links

www.anipaint.ch
http://aula.bias.ch/unterricht/lernsoftware/cuuthemen/anipaint.htm
www.phbern.ch/fileadmin/Bilder_und_Dokumente/09_IWB/ICT/anipaint_handbuch_3.pdf

Kurt Schöbi

Die verrückten Stühle
Pixilationstrick

🎞 Film
«Stühle mit Kindern»
(Pixilation)

🎞 Film
«Stuhlzauberei»
(Erste Experimente)

Mittels Pixilationstechnik bewegen sich Personen und Gegenstände wie von Geisterhand: So fahren Schüler/innen auf einem Stuhl durch den Schulhauskorridor, ohne dass sichtbar wird, wer die Stühle bewegt.

Der Pixilationstrick ist ein einfach durchzuführendes Animationsverfahren, das als Vorstufe zu einem komplexeren Sachtrickfilm, mit dem es technisch eng verwandt ist, angewendet werden kann. Das Prinzip besteht, wie bei allen → Stop-Motion-Techniken, darin, zwischen zwei Bildaufnahmen Gegenstände oder Personen minimal zu verschieben.

Einfache Form des Pixilationstricks: eine «Stuhlfahrt» im Schulhauskorridor © Arnold Fröhlich

Bewegung von Geisterhand
Der Begriff → *Pixilation* hat keinen Zusammenhang mit der Bezeichnung «Pixel» für einen Bildpunkt in einem digital generierten Bild. Vielmehr ist er abgeleitet vom amerikanischen «pixilated», was so viel wie «verdreht», «irritiert» oder «verrückt» bedeutet. Und tatsächlich sind die durch einen Raum fahrenden Stühle verrückte Objekte im doppelten Sinne des Wortes: Für jede Stop-Motion-Einstellung werden die Stühle um einige Zentimeter verrückt, was im fertigen Film dann drei sich wie verrückt durch den Korridor bewegende Stühle ergibt.

Hinweise zur Durchführung
Ideen für Pixilationstrick-Szenen können zusammen mit den Schülerinnen und Schülern entwickelt werden. Entscheidend ist dabei die Fähigkeit, eine Szene anzuhalten, indem beispielsweise die Schüler/innen auf dem Stuhl oder eine auf dem Boden «gleitende» Person im Moment der Aufnahme eines Einzelbildes unbeweglich bleiben.

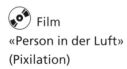 Film
«Person in der Luft»
(Pixilation)

 Film
«Bumm!» (Pixilation)

Im Gegensatz dazu besteht eine Variante der Pixilationstechnik darin, eine Bewegung «einzufrieren»: Zum Beispiel springen eine oder mehrere Personen mehrmals gleichzeitig in die Höhe; wird das mit einer Kamera gefilmt und werden anschliessend nur jene Bilder ausgewählt und zusammengesetzt, in denen sich die Personen auf dem Höhepunkt des Sprunges befinden, so sieht es aus, als würden sie für eine gewisse Zeit in der Luft stehen bleiben. Wird bei den Sprüngen hingegen jedes Mal ein ganz klein wenig weiter vorne oder seitwärts angesetzt, so entsteht die Illusion, die Personen würden vorwärts oder seitwärts durch den Raum fliegen.

Ist eine entsprechende Stop-Motion-Software installiert, kann die Kamera direkt am Computer (oder an der → «Lunchbox») angeschlossen werden. Es ist von Vorteil, wenn die Grundeinstellung so vorgenommen werden kann, dass von jeder Position jeweils mindestens zwei bis vier Bilder gemacht werden können. Dieses Verfahren eignet sich gut für erste Gehversuche im Animationsfilm, weil eine spätere Schnittarbeit wegfällt. Je mehr Aufnahmen in der gleichen Einstellung gemacht werden, desto weniger Arbeit gibt ein Film, desto ruckeliger wird aber die dargestellte Bewegung.

Um das Verhältnis von Arbeitsaufwand für die Herstellung eines Pixilationstricks und der Dauer des daraus entstehenden Animationsfilms zu verbessern, können die gleichen Film- oder Einzelbildaufnahmen mehrfach verwendet werden, indem eine sogenannte «Schlaufe» hergestellt wird. So können sich zum Beispiel die Stühle mehrmals im Kreis bewegen oder einzelne Bewegungen sich wiederholen.

Für das Funktionieren eines durchaus auch von Schülerinnen und Schülern der Primarstufe zu bewerkstelligenden Pixilationstricks ist es unerlässlich, die Kamera auf einem Stativ zu fixieren.

Ein bisschen rechnen

Vor dem Beginn der Aufnahmen sollten Überlegungen angestellt werden, wie lange eine einzelne Pixilationssequenz dauern soll. Entsprechend ist die Anzahl der Bildaufnahmen zu berechnen, wobei drei bis maximal sechs Einzelbilder pro Position gemacht werden können. 25 Einzelbilder entsprechen einer Sekunde Film und je weniger Einzelbilder gemacht werden, desto fliessender ist die Bewegung im fertigen Film. Bei mehr als drei Einzelbildern pro Position beginnt der Film zu ruckeln.

Sollen sich die Schüler/innen auf den Stühlen in vier Sekunden durch das Klassenzimmer bewegen, so braucht es dazu 100 Einzelbilder und somit, je nach Anzahl der aufgenommenen Bilder pro Einstellung, zirka 15 bis 30 Einzelpositionen. Falls der Anspruch besteht, kurze ruckelfreie Sequenzen zu drehen, verlangt das daher viel Ausdauer und Präzision in der Arbeit mit dem Stop-Motion-Trick.

Entsprechend der gewählten Bildfrequenz sind die Verschiebungen der Gegenstände und Personen in Zentimetern zu berechnen. Werden die verrückten Stühle – auf denen die Schüler/innen wenn möglich immer in der gleichen Haltung sitzen sollten – pro Aufnahme um je 10 Zentimeter verschoben, so gleiten sie im fertigen Film schon recht rasant durchs Bild.

Soll eine Bewegung im fertigen Film kontinuierlich ablaufen, so müssen die Unterschiede der jeweiligen Verschiebungen verkleinert werden.

Mögliche Weiterarbeit

Mit älteren Schülerinnen und Schülern können auch komplexere Pixilationstricks hergestellt werden. Beispielsweise kann eine Schülerin auf dem Stuhl einen markanten Hut tragen, der sich dreht; zwei Stühle veranstalten eine «Verfolgungsjagd»; eine Schülerin bewegt sich auf einem Stuhl in der Gegenrichtung; Schüler «kriechen» über Tische und Gegenstände; eine Schlange aus hintereinander am Boden liegenden Schülern bewegt sich durch das Bild usw.

Film «Bumm!» (Pixilation)

Techniken des Animationsfilms

→ Der Computer macht's möglich, S. 26

Tipp
Es empfiehlt sich, die Dreharbeiten bei konstanten Lichtverhältnissen durchzuführen. Innenräume mit gleichbleibendem Kunstlicht eignen sich beispielsweise gut. Als Software für die Trickaufnahmen eignen sich alle Programme, die eine Stop-Motion-Technik ermöglichen. Neben vorinstallierter Software (QuickTimePro, MovieMaker) bieten sich Gratisprogramme wie FrameThief (www.framethief.com) oder Demoversionen von iStopMotion oder StopMotionPro an.

Nachbearbeitung
Der humoristische oder überraschende Effekt eines Pixilationstricks wird durch eine entsprechende Vertonung unterstützt. Manchmal liegt der Witz einer Sequenz auf der Ebene des Tones. Originell wirkt es, wenn die Tonspur kontrapunktisch zum Bild eingesetzt wird, indem einer Bewegung Geräusche unterlegt werden, die mit dieser nichts zu tun haben oder die das Bild verfremden: Zum Beispiel können menschliche Bewegungen mit Geräuschen von technischen Geräten oder Motoren unterlegt werden. Auch lustige → Off-Kommentare können das Geschehen im Bild humoristisch untermalen.

→ Hast du Töne!, S. 69

Eine selbst hergestellte Tonspur ist zeitlich zwar aufwändiger, aber in vielen Fällen lustiger und individueller als die Übernahme vorgefertigter Musik ab CD.
Die gängigen Videobearbeitungsprogramme verfügen über die Tools, um → Vor- und → Nachspann zu den einzelnen Filmen oder Zusammenschnitte mehrerer Filme zu machen.

Tipp
Es ist verständlich, wenn Kinder ihren Namen im Zusammenhang mit den von ihnen hergestellten Filmsequenzen auf der Leinwand sehen möchten. Dennoch ist gerade in Animationsfilmtechniken, die zum Teil sehr kurze Filme generieren, darauf zu achten, dass diese Namensnennungen, eventuell noch verbunden mit den aus Spielfilmen bekannten Funktionsbezeichnungen, zeitlich in einem angemessenen Verhältnis zur Länge der produzierten Filme stehen.

→ Zur Herstellung von Titeln vergleiche Tipps, S. 77

Material
- Videokamera auf Stativ
- Lampen für eine gleichmässige Ausleuchtung des Filmsets
- Requisiten und evtl. Material für eine Hintergrundkulisse

Arnold Fröhlich

Techniken des Animationsfilms

Bilder werden lebendig
Einfache Formen des Mal- und Zeichentricks

Auch jüngere Kinder können lustige kleine Animationsfilme herstellen. Die einfachste Form ist der Legetrick, in dem ausgeschnittene Papierfiguren auf einer Fläche unter einer Kamera bewegt werden. Mit einem ähnlichen Verfahren werden Figuren auf selbst hergestellten Bildern oder einfachen Zeichnungen zum Leben erweckt. Diese Technik eignet sich als Einführung in das Wesen des Animationsfilms und ist vom zeitlichen Aufwand her gut zu bewältigen. Damit können sich auch Schülerinnen und Schüler zum ersten Mal an einen Animationsfilm wagen.

Ein bewegtes Bild entsteht
Der Legetrick ist zusammen mit dem Sachtrick eine einfache Technik, die vor allem zusammen mit jüngeren Schülerinnen und Schülern oft angewendet wird und mit einem relativ bescheidenen Aufwand schöne Ergebnisse hervorbringt: Figuren und Gegenstände werden auf ein festes Papier vorgezeichnet und ausgeschnitten. Das Papier kann farbig sein oder selbst bemalt werden. Unter einer fest installierten Kamera werden die Papierfiguren mit kleinen Veränderungen verschoben, wobei jede Verschiebung fotografiert wird.

 Film «Sommertag», «Maus im Haus komm raus» (Erste Experimente); «Ballon», «Was macht die Maus?» (Legetrick)

Figuren entstehen und vergehen: Die «Geschichte» entwickelt sich durch laufendes Übermalen des Bildes.

© Urs Brenner 1992, S. 73

Techniken des Animationsfilms

Film «Früchte» (Legetrick)

Film «Farbenspiel» (Maltrick)

An Stelle von flachen Papierfiguren können auch reale Gegenstände mit der Legetricktechnik animiert werden.

Beim Maltrick wird jede Phase der Entstehung einer Strichzeichnung oder eines mit deckenden Farben gemalten Bildes mit der Kamera fotografiert. Im fertigen Produkt wird dann der Entstehungsprozess als Film sichtbar.

Die Filme können als Einzelarbeit der Schüler/innen nur wenige Sekunden lang sein oder sie werden als Projekt durchgeführt, in dem im Wechsel alle Kinder einer Klasse ein einzelnes Bild kontinuierlich vor der Kamera entstehen lassen. In diesem Fall braucht es eine Planung: Wir benötigen ein kleines → Drehbuch bzw. → Storyboard, das den ungefähren Fortgang und das gewünschte Ende eines fertigen Bildes umschreibt.

Hinweise zur Durchführung

Damit der Film bei der Projektion nicht wackelt, benötigt man bei dieser Technik erstens eine stabile Fixierung des Stativs, an dem die Kamera befestigt wird. Besser geeignet als ein Kamerastativ ist das Gestell eines Fotovergrösserers oder ein eigentlicher Reprotisch.

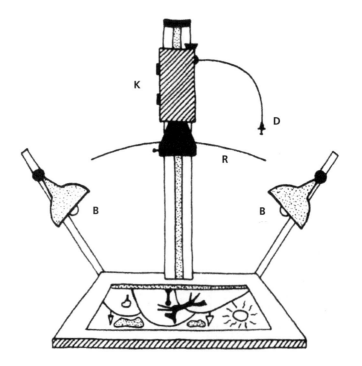

K Kamera
D Drahtauslöser
R Reflektionsschutz aus schwarzem Karton
B Beleuchtung

Reprotisch: rechtwinklige Montage der Kamera über der Bildfläche © Urs Brenner 1992, S. 75

Zweitens ist auch die Oberfläche, auf die gezeichnet oder gemalt werden soll (festes Papier, beschichteter Karton, Brett), unverrückbar zu stabilisieren. Auch kleinste unbeabsichtigte Verschiebungen ergeben im fertigen Film unmotivierte Sprünge.

Tipps

- Installation so einrichten, dass die Schüler/innen an der Zeichnung oder am Bild möglichst unbehindert arbeiten können.
- Als Grundfläche ein Material wählen, das bei der Verwendung von flüssigen Farben (Acrylfarben, Fingerfarben) nicht wellt.

«Ein Mann spritzt seine Blumen» – Arbeiten mit Erstklässlern. Das fertige Bild entsteht kontinuierlich Strich um Strich.

I Da sich das natürliche Tageslicht im Laufe weniger Stunden verändert, ist die Verwendung von zwei, besser vier Lampen angezeigt, die das Bild in immer gleichbleibender Lichtstärke ausleuchten.

Nun kann eine Schülerin mit dem Zeichnen oder Malen beginnen: Nach dem ersten kleinen Strich werden mit der Kamera zwei Einzelbilder aufgenommen.

Auf diese Weise müssen pro Filmsekunde 12 bis 13 Bildveränderungen vorgenommen werden. So wird ein ganz kleines Stück des Bildes gezeichnet oder gemalt und mit der Videokamera immer wieder fotografiert, bis das Bild vollständig ist.

Tipps

I Darauf achten, dass beim Auslösen der Kamera keine Hände oder unerwünschten Gegenstände (Farbstifte, Pinsel usw.) mehr im Bild sind.
I Für einen Film, der in einer Minute das Entstehen eines Bildes in «Vollanimation», also mit 25 einzeln aufgenommenen Bildern pro Sekunde zeigt, müsste der Kameraauslöser über 700-mal betätigt werden. Nun gibt es aber Tricks, um diese Arbeit zu vereinfachen und damit erst noch formale Gestaltungsmittel einzusetzen, die dem Rhythmus des fertigen Films zugutekommen:
  · Am Anfang wird die leere Bildfläche während einiger Sekunden am Stück aufgenommen.
  · Einzelne Phasen der Bildentstehung können auch einige Sekunden stehen bleiben, bevor sich wieder etwas bewegt.
  · Es kann ein grösseres Stück gezeichnet oder gemalt werden, bevor der Auslöser wieder betätigt wird. So taucht zum Beispiel als Überraschungseffekt plötzlich eine Figur auf, wie in der folgenden Zeichnung zu den «Bremer Stadtmusikanten».
I Mit dem Kamerazoom kann in normaler Aufnahmegeschwindigkeit langsam auf eine statische Figur gezoomt werden. Der Abstand zwischen Vorlage und Kamera sollte dabei innerhalb des gleichen Films nie verändert werden!
I Am Schluss einer Filmsequenz ist es sinnvoll, das Bild einige Sekunden stehen zu lassen.

Techniken des Animationsfilms

«Die Bremer Stadtmusikanten» – In diesem Beispiel werden zwei Aufnahmetechniken angewandt: zuerst kontinuierliche Aufnahmen nach einzelnen Strichen, anschliessend «springen» die Tiere hintereinander als ganze Figuren ins Bild. Nach jedem «Sprung» bleibt der Film zwei bis drei Sekunden stehen.

Material
- Videokamera
- Massives Videostativ, besser: Montage auf Fotovergrösserer oder Reprotisch
- Zwei oder vier Lampen, ideal ist die bestehende Beleuchtungsinstallation an einem Reprotisch, falls ein solcher zur Verfügung steht
- Zeichen-, Malutensilien

Der Vorteil des Maltricks besteht darin, dass die so entstandenen Filme keine Nachbearbeitung benötigen. Selbst der Titel oder andere Angaben zu einem Film können im Maltrick gezeichnet oder gemalt werden. Zum Beispiel werden pro Buchstabe eines Titels drei bis vier Einzelbilder aufgenommen.

Arnold Fröhlich

Techniken des Animationsfilms

Der Marsch durch die Wüste
Sach- und Puppentrick

Der Sachtrick ist die einfachste Möglichkeit der dreidimensionalen Darstellung im Animationsfilm. Mit dieser Technik werden Gegenstände zum Leben erweckt und sie bewegen sich im fertigen Film über den Bildschirm oder die Leinwand. Mittels Sachtrick lassen sich kleine Geschichten erzählen. Er stellt aber auch eine ideale Möglichkeit dar, das Wesen der Animation, die Anzahl nötiger Einstellungen für bestimmte Bewegungen und die filmische Umsetzung «natürlicher» Bewegungsabläufe im Animationsfilm zu üben, bevor ein grösseres Projekt mit Sach- oder Puppentrick in Angriff genommen wird.

Ein Kalenderbild als Hintergrund, ein farbiges Blatt Papier als Unterlage und ein paar zufällige Gegenstände aus der Küchenschublade – und fertig ist unser «Filmset»!

→ Szenerie als Illusionsfabrik, S. 67

Die drei Freunde Taschenmesser, Kapselschneider und Flaschenverschluss wandern durch die Wüste. Das Messer macht grosse Schritte ...

© Arnold Fröhlich

Erste Filmversuche mit der Sachtricktechnik
Im Unterschied zum zweidimensionalen Mal- oder Legetrick wird die Kamera horizontal statt vertikal aufgestellt.

→ Vergleiche S. 36

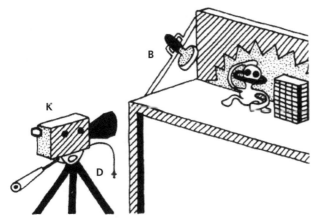

K Kamera
D Drahtauslöser
B Beleuchtung

Einrichtung für dreidimensionale Tricktechniken   © Urs Brenner 1992, S. 75

Techniken des Animationsfilms

Hinweise zur Durchführung
Die Gefahr, dass sich die Kamera während der Arbeit unbeabsichtigt verschiebt, ist bei ihrer Aufstellung vor einer Szenerie grösser als wenn sie, wie beim Mal- oder Legetrick, über dem Set befestigt wird. Das Kamerastativ kann daher auf einem Brett am Boden befestigt werden (mit entsprechenden Vertiefungen oder kleinen Winkeln, die die Stativfüsse arretieren). Auch bei Verwendung eines Tischstativs ist auf eine gesicherte, unverrückbare Position zu achten.

Nun wird eine Szenerie erstellt, indem die Grundfläche gewählt und der Hintergrund aufgestellt wird. Dazu eignet sich ein aufgestelltes flaches Bild (wie im obigen Beispiel), aber auch von den Kindern selbst gezeichnete oder als dreidimensionale Modelle gebastelte Inneneinrichtungen, Bäume, Häuser und so weiter lassen der Fantasie und Kreativität grossen Raum.

Als weiteres Element der Gestaltung kann im Sachtrick der Hintergrund bewegt werden. Ein sich horizontal verändernder Hintergrund kann in zwei Funktionen eingesetzt werden: Gezeichnete oder reale Objekte (Spielzeugautos, ein vorbeifahrender Zug usw.) können beispielsweise eine Verkehrssituation darstellen. Wird im Hintergrund die ganze Landschaft seitlich verschoben, so kann damit der Eindruck einer Bewegung der Gegenstände im Vordergrund simuliert werden.

Die mit Hilfe verschiedener Figuren zu erzählende Geschichte muss einen Anfangs- und einen Endpunkt haben, die vor Beginn der Animation festgelegt werden:

- Von wo bis wo bewegt sich welche Figur?
- Welches ist ihr Tempo? Und wie viele Einzeleinstellungen soll ein bestimmter Bewegungsablauf haben?
- In welchen Momenten steht das Bild still? Pausen im Bewegungsablauf entstehen durch mehrmaliges Auslösen von Einzelbildern: 25 Bilder hintereinander ergeben eine Sekunde Film, in dem sich nichts bewegt.

Gegenüber den klassischen 16mm- oder Super-8-Filmen, mit denen früher Trickfilme hergestellt wurden, haben moderne digitale Videokameras den Vorteil, dass bereits gemachte Aufnahmen am Bildschirm sofort kontrolliert und allenfalls ohne Kostenfolge wieder gelöscht werden können. Der während den Dreharbeiten zugeschaltete Bildschirm ist zudem ein hervorragendes Instrument, um die Geschwindigkeit oder Natürlichkeit von Bewegungsabläufen zu überprüfen und neue Aufnahmen nach Bedarf zu modifizieren.

Tipp
Eine sich während der gesamten Aufnahmearbeiten nicht verändernde Ausleuchtung der Szenerie ist wichtig. Also sollte eine Lampeninstallation gewählt werden, die im Laufe der Dreharbeiten nicht verschoben werden muss.

Film «Banküberfall» (Sachtrick und Making-of)

→ Bilder werden lebendig, S. 37 (Tipps)

Techniken des Animationsfilms

Ein Film mit Puppen und Plastilinfiguren

Mit einiger Übung im Animieren von Gegenständen können auch komplexere Geschichten als die mit einfachsten Mitteln gedrehte Szene «Der Marsch durch die Wüste» erzählt werden: Ein Krimi oder Western, ein Märchen oder eine erfundene Liebesgeschichte können mit dem Puppentrick hergestellt werden.

→ Zeichnen, Scannen und Kneten, S. 80

Hinweise zur Durchführung
Das Prinzip der Animation ist das gleiche wie beim Sachtrick. Sobald jedoch mit Puppen gearbeitet wird, unterliegt die Animation gewissen Gesetzmässigkeiten natürlicher Bewegungsabläufe wie Gehen, Armbewegungen usw. Mit dem Einsatz von Puppen spielt unter Umständen auch der Gesichtsausdruck plötzlich eine Rolle: Das lachende Gesicht einer Playmobilfigur passt vielleicht nicht zu jeder Situation der Geschichte, die erzählt werden soll.

Ein Banküberfall mit anschliessender Verfolgungsjagd: Spielfiguren, Spielzeugautos, Kulissen aus Karton und Teile einer Eisenbahnanlage sind die Requisiten.

© Luis Wennberg & Andreas Hottinger

Am einfachsten ist es sowohl für die Vorbereitung der Arbeit als auch für die Dreharbeiten, Spielfiguren wie die bekannten und fast in allen Kinderzimmern vorhandenen Playmobilfiguren als Puppen zu verwenden. Sie haben den Vorteil, dass ihre Bewegungen dank der bestehenden Gelenke einfach vorgenommen werden können und der Gesichtsausdruck meist relativ neutral aussieht. Auch andere Spielfiguren aus Kunststoff oder Holz wie Tiere, Fabelwesen und Monster sind «Puppen», die für animierte Filme verwendet werden können.

Mögliche Weiterarbeit

Film
«Plastilin», «Yellow Dog»,
«Elefant», «Zirkus»
(Plastilintrick)

- Eigene Figuren aus einer Knetmasse, Ton oder Plastilin sind in Ausdruck und der freien Form der Figurengestaltung kommerziell vorgefertigten Kunststofffiguren wie den Playmobilmännchen oder gar irgendwelchen martialischen Plastikmonstern natürlich weit überlegen. Mit beliebig formbarem Material werden wirkungsvolle und ausdrucksstarke Charakterfiguren realisiert. Dabei brauchen solche Figuren durchaus nicht menschliche Züge zu tragen, um in einem Film «beseelt» zu wirken. Sie zu animieren benötigt indessen einige Erfahrung und vertiefte Kenntnisse der Animationstechnik, falls komplexere Handlungsabläufe dargestellt werden sollen.
- Einfache Sach- und Puppentrickfilme machen bei einer Vorführung grösseren Eindruck, wenn ihnen Musik und/oder Geräusche unterlegt sind. Für anspruchsvollere Werke ist eine Tonspur fast Bedingung. Häufig unterstützen selbst produzierte oder ab Tonträger kopierte Tonelemente die visuellen Effekte (Gags) oder sie können persiflierend zum Filmgeschehen eingesetzt werden.

→ Hast du Töne!, S. 69

Tipp

Vielfach sind bei kantonalen Medienzentren und Verleihstellen Filme als mögliches Anschauungsmaterial über die verschiedenen Animationsfilmtechniken leihweise zu beziehen. Vor allem die Filme der oscarprämierten britischen Autoren Nick Park und Peter Lord demonstrieren eine bis heute unerreichte – und von Amateuren niemals erreichbare – künstlerische Endform in der Animation von Plastilinfiguren: Diese zeigen eine perfekte Lippensynchronisation, in der sich die Gesichtsmimik und Mundstellungen der Figuren exakt dem von ihnen gesprochenen Text anpassen. Von der Perfektion der mit einem enormen finanziellen und zeitlichen Aufwand produzierten professionellen Filme sollte man sich weder einschüchtern noch entmutigen lassen. Als Meisterwerke der Filmgeschichte sind sie vielmehr in der Lage, die schier endlosen technischen Möglichkeiten des Genres aufzuzeigen.

Schüler/innen wie Erwachsene, die schon selbst Animationsfilme hergestellt haben, können die enorme Leistung besonders gut abschätzen (und geniessen), die hinter «Chicken Run» oder den Werken mit Wallace und Gromit wie «The Wrong Trousers» und «Alles Käse» steckt.

Material
- Videokamera
- Videostativ oder Tischstativ mit Verankerung
- Lampen für eine gleichmässige Ausleuchtung des Filmsets
- Gegenstände, Figuren, Spielzeuge, Puppen, selbst hergestellte Figuren aus einer Knetmasse
- Requisiten für Szenengestaltung und Hintergrund

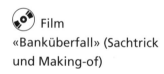
Film
«Banküberfall» (Sachtrick und Making-of)

Arnold Fröhlich

Techniken des Animationsfilms

Zeichnungen in Bewegung
Dem Trickfilm auf der Spur

Sofern man es zeichnerisch umsetzen kann, ist im Zeichentrickfilm alles möglich! Es ist möglich, die Abenteuer eines fliegenden Elefanten zu erzählen oder den alltäglichen Kampf eines Wackelpuddings dramatisch in Szene zu setzen. Falls man nicht unbedingt eine Geschichte erzählen will, kann man ganz einfach der puren Lust an der Bewegung frönen ...

Wie bewegt sich eigentlich ein Objekt? Wie schwer ist es? Aus welchem Material besteht es? Wie schnell bzw. wie langsam bewegt es sich von einem Punkt zum andern? Was geschieht, wenn es auf ein Hindernis trifft? Was ist der Unterschied in der Bewegung eines leblosen Objekts zu einem Menschen oder einem Tier?

Im Zeichentrickfilm kann allen möglichen Objekten «Leben» eingehaucht werden, dieses «Leben» ist von der Bewegung abhängig.

Bewegungen haben immer einen Anfang, eine Mitte und ein Ende. Gezeichnete Bewegungen kann man in → Schlüsselphasen und → Zwischenphasen aufteilen.

Phasen und Geschwindigkeit der Bewegung hängen eng zusammen: Je mehr Phasen eine Bewegung enthält, desto langsamer läuft sie ab. Mit vielen Einzelphasen kann man Bewegungen in → Zeitlupe, mit wenigen Einzelphasen hingegen → Zeitrafferbewegungen simulieren.

Phasen 1, 6 und 12 sind die Schlüsselphasen. Sie markieren die Höhepunkte der Bewegung.

© Dustin Rees

Zeichentrickfilm ist in erster Linie Fleissarbeit. Die technischen Abläufe bleiben sich in jedem Fall gleich. Was sich ändert, ist der Komplexitätsgrad der Bewegungsabläufe.

Ziel dieser Übungen, die man auch mit Kindern in der Unterstufe durchführen kann, ist es, ein Gespür für die einzelnen Phasen von Bewegungsabläufen zu entwickeln. Für jede Phase wird ein einzelnes Bild gezeichnet. Hierbei ist es wichtig, dass die Kinder die Genauigkeit der Positionierung der Blätter bzw. der darauf gezeichneten Objekte zu schätzen wissen. Nur aus der Genauigkeit entsteht ein sauberer und nachvollziehbarer Ablauf. Als Hilfsmittel dienen der Locher und die → Trickschiene.

Trickschiene basteln

Die Trickschiene dient dazu, die einzelnen Blätter zu stabilisieren. Die Blätter werden gelocht und über Dübel gestülpt. Somit kann das neue Blatt auf das vorherige gelegt werden und man kann die Bewegung andauernd fortsetzen. Die Trickschiene kann bei Bedarf auf einen → Leuchttisch montiert werden. Wenn kein Leuchttisch vorhanden ist, empfiehlt es sich, mit dünnerem Papier (ca. 50 g) und schwarzen Filzstiften zu arbeiten (siehe auch Tipps).

Durchführung
Eine Kartonschiene zuschneiden (Grösse ca. 3 x 15 cm), im Abstand von 80 mm (Lochmitte) die beiden Dübel auf die Kartonschiene leimen: Fertig ist die Trickschiene.

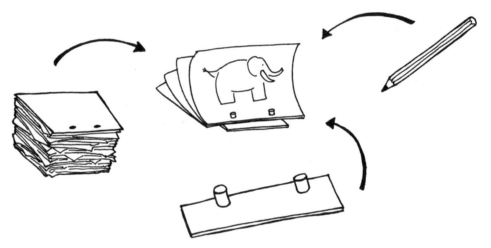

Alles, was es zum Zeichentrick braucht: Trickschiene, Stifte und gelochtes Papier © Dustin Rees

Von A nach B: Objekte in Bewegung

In dieser Übung werden zunächst einfache Formen von Punkt A nach Punkt B bewegt. Ein Punkt wandert über eine Seite, eine Linie hüpft von A nach B, ein Papierblatt fällt zu Boden, ein Auto fährt in die Weite, verschiedene Bälle (Pingpongball, Tennisball, Basketball, Medizinball ...) springen oder rollen aus dem Bild, ein Torpedo zischt durchs Wasser, ein Pfeil trifft das Ziel, ein Frisbee fliegt durch die Luft, eine Seilbahn fährt den Berg hoch, eine Fähre bringt Kisten von einem Ufer zum andern ...

Durchführung
Folgende Schritte werden durchgeführt: Papier lochen, über die Dübel stülpen, Phasen zeichnen, Zeichnungen fotografieren oder scannen und auf den Computer übertragen.

Für die Phasenzeichnungen gibt es zwei Möglichkeiten. Erstens: Man geht von einer Zeichnung aus und animiert sie fortlaufend. Jede Phase folgt der nächsten.

Die zweite Möglichkeit besteht darin, die wichtigsten Phasen zuerst zu zeichnen und die Zwischenphasen danach einzufüllen.

Tipp
Ein Fehler, der aus der ersten Möglichkeit resultieren kann, ist der, dass die Schlussfigur mit der Anfangsfigur keine Ähnlichkeit mehr hat. Deshalb empfiehlt es sich, mit einfacheren Objekten zu beginnen und den Schwierigkeitsgrad fortlaufend zu steigern.

Mögliche Weiterarbeit / Variante
Kinder, die mehrere Objekte animiert haben, werden bald nach Figuren rufen. Die Übung kann natürlich erweitert werden, indem man lebendige Formen animiert: Ein Strichmännchen geht durchs Bild, ein Krokodil schnappt nach seinem Opfer, ein Pferd lässt Pferdeäpfel fallen, ein Elefant flattert mit seinen Ohren …

Aus A mach B: Morphing

In dieser Übung geht es darum, von einer Form in eine andere zu wechseln. Beispielsweise wird aus einer Banane eine Pistole, aus einem Hut ein Auto, aus einem Löwen ein Schuh, aus einer Vase ein Strauss, aus einem Tannenbaum eine Rakete, aus einem Kürbis eine Traumkutsche …

→ Wie aus der Pistole eine Banane wird, S. 49

Durchführung
Gearbeitet wird wie bei der Aufgabe «Von A nach B», aber hier sollten Anfangs- und Schlusszeichnung in jedem Fall zu Beginn festgelegt werden. Die beiden Zeichnungen werden auf die Trickschiene gelegt und die mittlere Schlüsselphase wird daraus extrapoliert. Mit diesen drei Zeichnungen wird weitergearbeitet, bis der ganze Verwandlungsprozess schlüssig nachvollziehbar wird. Es ist möglich, gleichzeitig von der Mitte nach vorne bzw. nach hinten zu arbeiten.

A und B treffen sich: Interaktion

Was geschieht, wenn zwei Körper aufeinandertreffen? Bei dieser Übung geht es darum, zu beobachten, welche Wirkung diese Begegnung hat. Zum Beispiel kollidiert das Strichmännchen mit einem Punkt. Was geschieht mit dem Strichmännchen und was mit dem Punkt? Eine Ameise zieht an einer Schnur: Wie bewegt sich die Schnur? Was ist, wenn die Schnur ein Faden ist – und was geschieht mit der Ameise, wenn die Schnur ein Seil ist? Ein Boxer schlägt in den Sandsack: Ist der Sandsack zu schwer für den Boxer – oder schlägt er durch? Aus dieser Übung entsteht vielleicht eine Geschichte …

Durchführung
Da der Bewegungsablauf komplexer ist als bei den vorangegangenen Übungen, empfiehlt es sich, mit einem → Storyboard zu arbeiten. Dabei kann man sich die Wirkung der Begegnung bereits ausmalen und weitere mögliche Resultate erkunden. Danach geht es darum, eine Variante auszuwählen und umzusetzen. Die komplexere Variante dieser Übung besteht darin, mehrere Lösungen zu animieren.

Techniken des Animationsfilms

→ Der Computer macht's möglich, S. 26

Für alle drei Übungen gilt:
Wenn alle Phasen fertig gezeichnet sind, legt man sie einzeln unter die Kamera, filmt oder fotografiert sie fortlaufend und liest sie so via eine Stop-Motion-Software – iStopMotion (Mac OS) bzw. StopMotionPro (Windows) – in den Computer ein.

Materialien
Kartonschiene (max. 3 mm dick, 15–20 cm lang, 3 cm breit)
Je 2 kleine Holzdübel (Stärke 5 mm)
Leim
Locher
Papier
Diverse Stifte
Stativ
Kamera (entweder Video oder Foto)
Computer mit Aufnahme- und Abspielsoftware

Zeitbedarf
Basteln der Trickschiene ca. 30 Minuten
Phasenzeichnungen: je nach Motiv
Filmen und Ausspielen: pro Film ca. 1 Stunde
(abhängig von der Anzahl der Zeichnungen)

Tipps
| Wenn ein Leuchttisch vorhanden ist, können gut und gerne 5 Blätter übereinanderliegen, was die Abfolge sichtbar macht. Die Bewegung kann so über mehrere Phasen entwickelt werden.
| Als Leuchttisch kann auch der Hellraumprojektor dienen.
| Falls keine Leuchtunterlagen vorhanden sind, empfiehlt es sich, mit ganz dünnem Papier und starken schwarzen Filzstiften zu arbeiten.
| Blätter nummerieren!
| Ist der Ablauf zu schnell, können die Einstellungen am Computer verändert werden. Notfalls kann man einzelne Phasen mehrmals aufnehmen. Pro memoria: Pro Sekunde Film sind 24 Einzelbilder notwendig. Beim Zeichentrickfilm können 12 Bilder pro Sekunde ausreichen, da man jedes Bild zweimal belichten muss.

Dustin Rees und Franziska Trefzer

Deckel auf – Deckel zu
Animationsfilme mit dem Scanner

Einen Animationsfilm ganz ohne Foto- oder Videokamera herstellen, den man aber am Bildschirm oder auf der Leinwand betrachten kann? Ein Animationsfilm ganz ohne Materialkosten? Kein Problem mit einem ganz gewöhnlichen Scanner! Dieses einfache Gerät verwandelt sich mit Hilfe von Gratissoftware zu einem «Aufnahmegerät» für einen digitalen Kurzfilm, den Kinder ab den oberen Klassen der Primarstufe gestalten können, wenn sie sich in der Bedienung des Computers bereits auskennen.

Unser erster digitaler Film

Für diesen ersten Filmversuch benötigt man einen am Computer angeschlossenen Flachbettscanner sowie ein Programm, das die nachträgliche Animierung der einzelnen Scan-Aufnahmen erlaubt. Besonders eignet sich dazu das Freeware-Programm MonkeyJam, das kostenfrei aus dem Internet heruntergeladen werden kann: http://www.giantscreamingrobotmonkeys.com/monkeyjam/about.html

Der Trickfilm entsteht, indem flache Materialien wie Figuren oder Buchstaben aus Papier oder Karton, Pflanzenblätter, Büroklammern usw. auf den Scanner gelegt, gescannt, leicht verschoben und wieder gescannt werden. Somit ist ein so produzierter Animationsfilm eigentlich ein Legetrickfilm, nur dass wir dazu keine Kamera benötigen.

→ Bilder werden lebendig, S. 35

Das relativ einfach zu handhabende Programm MonkeyJam eignet sich bestens, um mit der Stop-Motion-Technik Bilder aus dem Scanner (oder auch Aufnahmen mit der Foto- oder Videokamera) auf dem Computer zu speichern und anschliessend zu animieren. Wie das im Detail gemacht wird, ist in einem instruktiven Tutorial im Internet nachzulesen:
http://www.mediaculture-online.de/Trickfilmkoffer.1190.0.html
(tutorial-monkeyjam2007.pdf, S. 7–11)

Die entstehende Filmdatei wird im AVI-Format gespeichert, das eine allenfalls gewünschte Weiterarbeit mit den gängigen Videoschnittprogrammen problemlos macht.

Hinweise zur Durchführung

In den Scannerdeckel kann ein Hintergrundbild als «Kulisse» geklebt werden, das für den ganzen Film oder Teile davon bei jedem Scan unverändert abgebildet wird.

Statt flache Figuren können bis zu einem gewissen Ausmass auch Gegenstände aus Plastilin, Legosteine, Stifte, Radiergummis und vieles mehr auf die Scanneroberfläche gelegt werden. Der Deckel des Geräts hat ein Scharnier, das sich in der Höhe verstellen lässt, damit auch aus Büchern gescannt werden kann. Arbeitet man nun mit Gegenständen, die eine vollständige Schliessung des Deckels verhindern, so legt man seitlich der Scannerfläche am besten zwei Leisten (Lineal oder eine etwas höhere Holzleiste) hin, damit der Abstand des Deckels zur Scannerfläche parallel und bei allen Aufnahmen immer gleich ist. Wird gar ein Rahmen um die Scanneroberfläche gelegt, so verhindert dieser den Eintritt störenden Aussenlichts. Dabei muss ausprobiert werden, ob der auf dem Deckel allenfalls angebrachte Hintergrund bei Verwendung eines Rahmens noch scharf abgebildet wird, weil er nicht mehr direkt auf der Glasoberfläche aufliegt. Unter Umständen ist ein leicht unscharfer Hintergrund nicht von Nachteil. Ausprobieren, was möglich ist und wie es am Ende aussieht!

Tipps

- Wird mit Gegenständen gearbeitet, so empfiehlt es sich, das Glas des Scanners mit einer Hellraumfolie vor Kratzern, Fingerabdrücken, Plastilinflecken usw. zu schützen.
- Das einzige Problem bei dieser einfachen Animationsfilmtechnik besteht allenfalls darin, dass sich auf die Scannerfläche gelegte Figuren aus Papier beim Anheben des Deckels durch den dadurch entstehenden Luftsog verschieben. So sind die in der Stop-Motion-Technik notwendigen kleinen Veränderungen schwierig zu bewältigen. Abhilfe schafft das Ankleben der Figuren auf den Hintergrund im Scannerdeckel mittels ablösbarem Doppelklebeband (z.B. 3M Post-it[tm]534) oder die Verwendung eines Rahmens, der den Deckel leicht abhebt, auch beim Scannen von flachen Figuren.

Quelle
Idee sowie Hinweise zur Software MonkeyJam und dem dazugehörigen Tutorial unter: www.mediaculture-online.de (18.3.07)

Arnold Fröhlich

Techniken des Animationsfilms

Wie aus der Pistole eine Banane wird
Verwandlungsanimation (Morphing)

In der Digitaltechnik bezeichnet man die computergenerierte Überführung eines Bildes in ein anderes als → Morphing. In Werbespots, Musikvideos oder im Film wird dieses Verfahren gerne als wirksamer und zuweilen witziger Spezialeffekt eingesetzt. Mit einfachen Mitteln können Verwandlungsanimationen auch im Unterricht hergestellt werden und zur Veranschaulichung von Phänomenen der Zustandsänderung oder des Gestaltwandels dienen.

 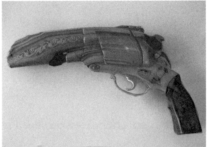 

Beispiel einer Verwandlung: Pistole – Pistone – Pinane – Banole – Banane
© Fotos Christina Hohl 2007

Zwischenstufen «errechnen»

Während beim Morphing die Zwischenstufen zweier unterschiedlicher Bilder vom Computer berechnet werden, sollen bei dieser Übung die Übergangsphasen von Hand konstruiert und gezeichnet werden. Anfangs- und Endbild der Verwandlung werden (z.B. an einer Fensterscheibe, auf dem Hellraumprojektor oder einem Leuchttisch) exakt übereinander platziert. Nun legt man ein leeres Blatt darauf und skizziert die Phase zwischen den beiden Zuständen. Nach dem gleichen Prinzip werden in weiteren Schritten wiederum die Mittelwerte von je zwei benachbarten Bildphasen gezeichnet. Je mehr Bilder man anfertigt, desto fliessender und langsamer vollzieht sich am Ende die Verwandlung.

Der vierzackige Stern wächst und wird zu einem Achteck.

Bei einfachen Figuren – wie dem Stern in diesem Beispiel – können die Zwischenphasen zum Beispiel in verschiedenen Farben auf dem gleichen Bogen Millimeterpapier festgehalten und anschliessend auf verschiedene Zettel gepaust werden.

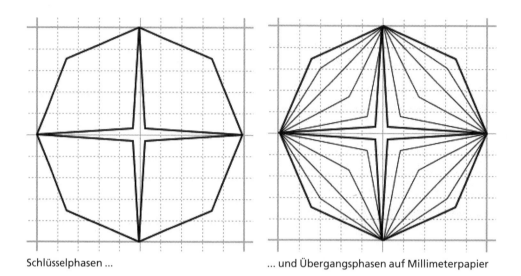

Schlüsselphasen ...   ... und Übergangsphasen auf Millimeterpapier

Aus zwei unterschiedlichen Grafiken wird jeweils ein Mittelwert konstruiert:

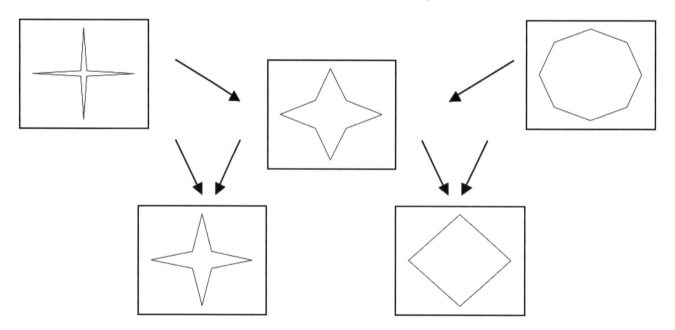

Hinweise zur Durchführung

Für den Anfang kann mit einfachen Figuren, geometrischen Formen, Buchstaben oder Zahlen experimentiert werden. Mit zunehmender Fertigkeit wagen sich die Schüler/innen vielleicht an schwierigere Aufgaben und verwandeln einen Baum in ein Monster, einen Käfer in ein Auto, eine Maus in eine Computermaus oder eine Pistole in eine Banane ...

Damit am Computer nicht einfach eine Überblendung von einem Bild ins andere, sondern wirklich eine plastische Verwandlung stattfindet, müssen selbst in einem raffinierten Morphing-Programm korrespondierende Ankerpunkte in Ausgangs- und Endbild markiert werden (z.B. Augen, Ohren, Scheitelpunkt und Kinn-

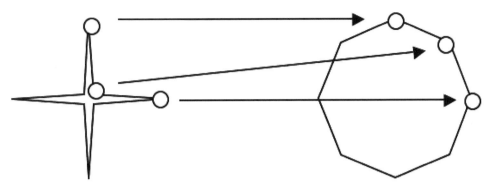

Ankerpunkte bewegen sich nach aussen und verwandeln den Stern in ein Achteck.   © Daniel Ammannn

spitze eines Gesichtes). Auch beim Zeichnen von Hand erweisen sich solche Ankerpunkte zum Errechnen der Zwischenstufen als sehr hilfreich. Wie die Abbildung zeigt, wird dadurch festgelegt, welche Punkte sich bei der animierten Verwandlung wohin bewegen.

Je nachdem, wie die Ankerpunkte gesetzt und zu Kontrolllinien verbunden werden, lassen sich ganz unterschiedliche Übergänge modellieren.

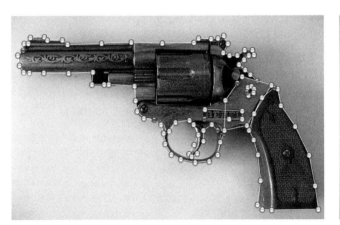
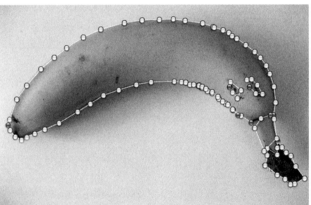

Damit sich die Pistole in eine Banane verformt, folgen die Ankerpunkte den Konturen.

Als Einstiegsübung erhalten die Schüler/innen den Auftrag, ein Ausgangsbild (z.B. ein Dreieck) über fünf Zwischenphasen in ein bestimmtes Endbild (z.B. ein Viereck) zu überführen. Anhand der so gewonnenen Animationen können unterschiedliche Lösungsvorschläge illustriert und diskutiert werden. So ist es etwa denkbar, dass sich ein Scheitelpunkt des Dreiecks in zwei Ecken aufspaltet oder eine Seite geknickt und deren Mittelpunkt nach aussen gezogen wird.

Mögliche Weiterarbeit

I Mit Morphing können nicht nur fantastische Verwandlungen, sondern auch reale Zustandsänderungen und Metamorphosen (Umgestaltung, Gestaltwandel) aus der Biologie oder Geografie analysiert und anschaulich nachgebildet werden (z.B. Zellteilung, Genese einer Kaulquappe, schematische Veränderung der Schädelproportionen vom Baby zum Erwachsenen). Durch das Erstellen eigener Morphing-Beispiele beschäftigen sich die Schüler/innen intensiv mit den Zwischenstadien eines Veränderungsprozesses und Möglichkeiten ihrer Visualisierung. Zudem erhalten sie Einblick in das Prinzip von Simulationsvorgängen.

Film
«Gesichts-Morphing»
(Morphing)

- Stehen von einer Person Fotos aus verschiedenen Altersstufen zur Verfügung, kann ein Gesicht binnen weniger Sekunden vom 5-Jährigen bis zum Erwachsenen altern. Die Gesichter einer ganzen Klasse können ebenfalls schrittweise ineinander überführt werden – und mit der gleichen Software lässt sich auch ein Durchschnittsgesicht aller Klassenmitglieder erstellen.

Beim Wachstum von Pflanzen und Tieren oder in der stammesgeschichtlichen Entwicklung von Lebewesen gibt es zahlreiche Beispiele von Metamorphosen, die auf diese Weise veranschaulicht und hypothetisch nachgebildet werden können, zum Beispiel: Veränderung von Organen zur Ausprägung spezifischer Funktionen (Flosse/Hand; Fuss/Huf).

Material

Auf dem Markt sind verschiedene, zum Teil kostenlose Softwareprogramme erhältlich, mit denen Bilder digital verwandelt und Morphing-Animationen erstellt werden können:

- MorphX (Version 2.9.3; Mac OSX)
  http://morphx.softonic.de/ie/26941
  http://www.norrkross.com/software/morphx/morphx.php
- Morph Age (Version 3.1; Mac OSX). Kostenlose Demoversion mit eingeschränkter Funktionalität
  http://www.ex-cinder.com/morphage/morphage.html
- WinMorph (Version 3.01; Windows 98/ME/XP)
  http://www.debugmode.com/winmorph
- Abrosoft FantaMorph (Verion 3.7.1; Windows 98/98SE/NT/ME/2000/XP). Funktionsfähige Testversion für 30 Tage.
  http://www.fantamorph.com
  http://abrosoft-fantamorph.softonic.de

Daniel Ammann

Animation ohne Kamera – diesmal am Computer
GIF-Animationen herstellen

Ein Fischer zieht einen Fisch aus dem Wasser ... Ein Viereck verwandelt sich in einen Kreis ... Ein Wurm frisst einen Apfel auf ... Aus einem traurigen Gesicht machen wir ein lächelndes: Um solche kleinen Animationen ganz ohne Kamera und nur mit dem Computer herzustellen, eignet sich das Dateiformat → GIF bestens. Es ermöglicht das Speichern von mehreren Bildern in einer einzigen Datei. Wird sie am Bildschirm abgespielt, so entsteht der Eindruck eines nur wenige Sekunden langen Mini-Trickfilms, der sich in einer Endlosschlaufe abspielt.

Was man braucht und wie es funktioniert
Das GIF-Format ist plattformübergreifend. GIF-Animationen können mit allen Browsern ohne Zusatzsoftware betrachtet werden.

Das Erstellen von GIF-Animationen eignet sich für Schülerinnen und Schüler aller Schulstufen.

Zur Herstellung braucht es ein Zeichnungsprogramm, mit dem die einzelnen Bilder für die Animation gezeichnet werden, und einen GIF-Animator.

Ein GIF-Animator ist ein kleines Programm, das die verschiedenen gezeichneten Einzelbilder gleicher Bildgrösse zu einer einzigen GIF-Datei zusammenfügt, sodass der Eindruck eines Trickfilms entsteht.

Neben kostenpflichtigen Programmen zur Herstellung von GIF-Animationen (Photoshop, Ulead, Paint Shop Pro) gibt es zahlreiche Freeware-Tools für beide Plattformen.
Mac: GifBuilder
PC: Animake; MS GIFAnimator; Movies 13; CoffeeAnimator62

Tutorials
Hinweis auf Freeware-Tools GIF-Animatoren

Die Programme können von http://www.gif-animation.ch.vu («Als Gast anmelden») heruntergeladen werden: Dort finden sich auch Anleitungen und Video-Tutorials zu diesen GIF-Animatoren.

Tutorials
Online-GIF-Kurs (dort auch in Printform)

Tipps
| Zuerst überprüfen, welches Zeichnungsdateiformat der ausgewählte GIF-Animator öffnen und welche Dateitypen der GIF-Animator importieren kann. Die Einzelbilder im Zeichnungsprogramm schon von Anbeginn in diesem Format speichern.
| Die erstellte Animation in einem Browser öffnen! Wenn die erstellte Animation im Zeichnungsprogramm geöffnet wird, so erscheint lediglich das erste Einzelbild der Animation.

Hinweise zur Durchführung
| Die Schüler/innen schauen sich Beispiele von GIF-Animationen anderer Schüler an, die sich auf der DVD befinden. Sie erhalten kreative Anregungen und erkennen, was technisch möglich ist. Die Lehrperson analysiert eine mustergültige Animation und zerlegt sie in die einzelnen zusammengefügten Bilder.

Tutorials
Beispiele von GIF-Animationen, Sammlung 1–5

Techniken des Animationsfilms

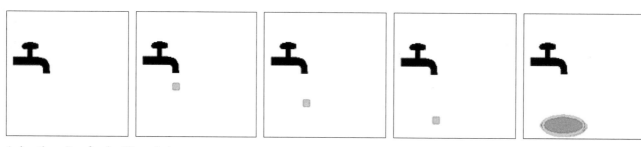

Animation «Tropfender Wasserhahn» © Christian Graf

- Ideensuche: Die Schüler/innen zeichnen zuerst ihre Ideen von Hand in ein Heft. Sie skizzieren die Bilderabfolge. Das verhindert das ideen- und konzeptlose Arbeiten am Computer.
- Als Einführung in die Software demonstriert die Lehrperson am Beamer, wie im Zeichnungsprogramm die Einzelbilder hergestellt werden.
- Vorgehen beim Zeichnen einer GIF-Animation:
  · Zeichnen des ersten Bilds, speichern der Zeichnung als «bild01».
  · Eine nächste Zeichnung erstellen und die Veränderung abspeichern («speichern unter: bild02»).
  · Weiter zeichnen und anschliessend wiederum «speichern unter: bild03», und so weiter.
  · So besteht die Gewissheit, dass alle Einzelbilder gleich gross sind und die zusammengefügte Animation beim Anschauen nicht wackelt!

Tipps
- Die Schüler/innen machen sich während der Demonstration am Beamer handschriftliche Notizen in ein Heft und arbeiten nachher nach diesen Anleitungen.
- Die Schüler/innen erhalten eine Anleitung mit Printscreens des GIF-Animators, nach denen sie die Einzelbilder zu einer GIF-Animation zusammenfügen.
- Je nach Zeitumfang, den man für diese Einheit zur Verfügung hat, arbeiten die Schüler/innen an den GIF-Animationen.
- Die Schüler/innen schätzen es, wenn sie 2er-Teams bilden können: eine am Computer versierte Schülerin zusammen mit einem zeichnerisch kreativen Schüler. Die Qualität der Animationen, zeichnerisch wie technisch, wird damit erhöht.

Mögliche Weiterarbeit

→ Ausstellung im Internet, S. 89

Die Schüler/innen finden es toll und sind stolz darauf, wenn ihre Werke in einer Online-Ausstellung gezeigt werden. Dies ist ein grosser Ansporn für die Weiterarbeit. Je nach Wissensstand der Schüler/innen können sie ihre fertiggestellten Animationen fortwährend selbst aufs Internet hochladen oder die Lehrperson übernimmt diese Arbeit.

Tipp
Wenn die GIF-Animationen aufs Internet hochgeladen werden, ist die Dateigrösse zu beachten (Richtwert: maximal 200 KB). Die Bildgrösse (Richtwert: 200 x 200 Pixel) und die Anzahl der Einzelbilder sind dementsprechend zu beschränken.

Christian Graf

Mein Trickfilm als Bildschirmschoner
Animation mit Flash

Die Herstellung eines Trickfilms entsteht meistens im Team und ist daher ein hervorragendes Mittel, sich in der Zusammenarbeit in einer Gruppe zu üben. Als Zusatzarbeit für versierte oder von den Techniken des Animationsfilms begeisterte Schüler/innen gibt es die Möglichkeit, eine «persönliche» Animation für den Bildschirm des eigenen Computers oder Notebooks herzustellen. Als Leckerbissen, als kleines Projekt oder als besondere Herausforderung eignet sich diese Einheit ab der Sekundarstufe I.

Viele Animationen und interaktive Elemente im Internet sind mit der Software Flash erstellt. Mit diesem Programm zu arbeiten ist für Schüler/innen wie auch für Lehrpersonen eine faszinierende Erfahrung.

 Filme
GIF-Animationen

Die Arbeit mit Flash

Die Anschaffung der dafür benötigten Software ist zwar teuer, doch gibt es für Schulen zum Teil günstige Angebote. Wird die Einheit zeitlich gut geplant, kann ebenso mit der Flash-Trial-Version gearbeitet werden, denn diese ist gratis und während 30 Tagen vollumfänglich funktionsfähig.

Die Software Flash ist im Einstieg nicht einfach zu bedienen, nach dem Prinzip «trial and error» vorzugehen funktioniert dabei kaum. Mit der schrittweisen Anleitung der einzelnen Arbeitsgänge – als Video oder in Printform (PDF) auf der DVD – ist eher Gewähr dafür geboten, sich nicht im Programm und in der Zeit zu verlieren.

Tutorials
Einen Bildschirmschoner
mit Flash herstellen
→ Anleitungen 1–9

Arbeiten mit der Software Flash

Zur Erstellung des Bildschirmschoners verwenden wir eine Freeware, die von zwei 17-jährigen Schülern entwickelt worden ist: InstantStorm.

Zum Einstieg zeigt die Lehrperson den Schülerinnen und Schülern Beispiele von Bildschirmschonern, die im Unterricht einer Klasse der Sekundarstufe I entstanden sind. Die Ideensuche kann gemeinsam oder individuell erfolgen. Um die Vorschläge zu visualisieren, was eine Voraussetzung für die spätere Umsetzung ist, zeichnen die Schüler/innen ihre Ideen zuerst von Hand in ein Heft.

Tutorials
Einen Bildschirmschoner
mit Flash herstellen
→ Hinweis auf Screensaver-
Tools – Freeware

Tutorials
Einen Bildschirmschoner
mit Flash herstellen
→ Beispiele

Techniken des Animationsfilms

Hinweise zur Durchführung

I Die Lehrperson gibt eine schrittweise Einführung am Beamer, die Schüler/innen arbeiten eine erste Animation für den Bildschirmschoner nach diesen Ausführungen nach.

I Die Lehrperson zeigt das Video-Tutorial der DVD, die Schüler/innen erarbeiten eine erste Animation für den Bildschirmschoner schrittweise nach diesem Video.

I Die Lehrperson verteilt die Anleitung als Fotokopie, die Schüler/innen arbeiten nach dieser Vorlage.

Der Zeitaufwand für diese Einführung beträgt ein bis zwei Doppelstunden.

Bildschirmschoner erstellen

Aus der entstandenen Flash-Animation stellen die Schüler/innen nun den Bildschirmschoner her.

Dazu wird die Online-Anleitung des Screensaver-Tools verwendet. Das Programm verlangt von den Schülerinnen und Schülern ein exaktes und überlegtes Arbeiten, damit ein erfreuliches Resultat entsteht.

Die erstellte Bildschirmschoner-Datei kann von den Schülerinnen und Schülern mit nach Hause genommen werden. Der Bildschirmschoner wird mit einem Doppelklick auf die Installationsdatei auf ihrem Computer installiert.

Aktivierung des Bildschirmschoners: Rechtsklick auf den Desktop

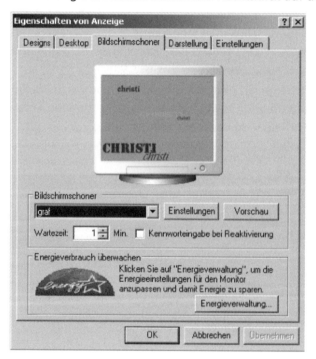

Name des Bildschirmschoners auswählen, Zeit einstellen

Tutorials
Einen Bildschirmschoner mit Flash herstellen
→ Weiterführende Arbeit mit Flash

Material

I Beispiele von Bildschirmschonern, die im Unterricht entstanden sind, befinden sich auf der DVD.
I http://www.flash-animation.ch.vu («Als Gast anmelden»)

Christian Graf

Gestaltungselemente in der Anwendung

Die Einstellung macht die Geschichte
Elemente der Bild- und Filmsprache

Schwerpunkte der Filmsprache sind die Kameraperspektiven und Einstellungsgrössen. Mit diesen bildgestalterischen Ausdrucksmitteln wird Abwechslung und Spannung erzeugt. Sie sind daher auch im Animationsfilm ein wichtiges Stilmittel der Dramaturgie, das überlegt und im Wissen um die Wirkung der unterschiedlichen Bildeinstellungen eingesetzt werden kann.

Ein gestalterisches Problem in vielen Animationsfilmen von Schülern oder Amateuren ist oft die nach dramaturgischen Gesichtspunkten fehlende Verwendung von unterschiedlichen Kamerastandpunkten oder Bildgrössen. Nicht selten werden mit der gleichen starren Kameraeinstellung in einer Totalansicht mehrere Szenen oder gar ein ganzer Film aufgenommen. Vielleicht gibt es in einem Werk aber einen dramatischen Höhepunkt, der sich effektvoller in einer Gross- oder Detailaufnahme abbilden liesse.

Die folgenden Ausführungen und Übungen sollen dazu beitragen, sich über die Einsatzmöglichkeiten und Wirkungen verschiedener bildgestalterischer Mittel klar zu werden.

Kameraperspektiven

Froschperspektive
Extreme Untersicht: Der Kamerastandpunkt ist tief, der Kamerawinkel ist gegenüber der Waagrechten stark nach oben geneigt. Die Froschperspektive lässt Personen oder Objekte auf den Betrachter imposant, Ehrfurcht erweckend oder beängstigend wirken. So kann sie andere Personen oder allenfalls den Zuschauer in die Rolle des Unterlegenen drängen. Gelegentlich wirkt diese Perspektive in der Überzeichnung auch karikierend.

Augenhöhe
Die Sicht ist aus Augenhöhe, in der horizontalen Blickrichtung nicht oder kaum verändert. Diese Kameraperspektive wird auch Normalansicht genannt.

Vogelperspektive
Der Kamerastandpunkt ist hoch, der Sichtwinkel ist gegenüber der Waagrechten nach unten geneigt, was eine Aufsicht auf Personen oder Objekte ergibt. Die Vogelperspektive ermöglicht eine Übersicht über die Szene und erzeugt einen Effekt der Überlegenheit, Erhabenheit. Abgebildete Personen oder Objekte wirken klein und bedeutungslos.

© Andy Blunschi

Gestaltungselemente in der Anwendung

Mit der Variation der Kameraperspektiven kann man Spannung erzeugen. Jede Perspektive macht aber auch eine eigene Aussage zu Personen oder Objekten: Sie kann «neutral» oder durch die Wirkung einer anderen Ansicht auch wertend sein. Die Bedeutungszuweisungen gelten dabei immer sinngemäss zum inhaltlichen Kontext, in dem sie vermittelt werden.

Jede Perspektive bedingt einen Standort, was immer auch in einem übertragenen Sinne zu interpretieren ist.

Film
«Boris Crak»
(Sachtrick)

Hinweise zur Durchführung
Mittels einer digitalen Fotokamera machen die Schülerinnen und Schüler Aufnahmen, in denen die unterschiedlichen Wirkungen der Vogel- bzw. Froschperspektive anschaulich gemacht werden: Gegenstände, Figuren oder Personen sollen anhand der Perspektiven als wichtig/imposant oder als unwichtig/unscheinbar dargestellt werden.

Weiterführende Arbeit
Eigene Bilder bilden eine gute Grundlage, um mit den Schülerinnen und Schülern der oberen Stufen das Thema Bildmanipulation zu erarbeiten. Es kann auch auf die «Macht des Kameramanns» aufmerksam gemacht werden, indem in Spielfilmen ab DVDs nach Frosch- und Vogelperspektiven gesucht wird: Welche gestalterischen Überlegungen seitens des Regisseurs stecken möglicherweise hinter diesen Perspektiven? Welche Gefühle will er damit bei uns Zuschauerinnen und Zuschauern auslösen? Welche Wirkungen haben diese Einstellungen im Zusammenhang mit der Filmhandlung auf uns?

Einstellungsgrössen

Totale (T)
Sie vermittelt den Überblick über einen Schauplatz oder eine Szenerie. Diese Einstellung gibt meist die räumliche Orientierung zu Beginn einer Sequenz vor, die nötig ist, wenn sich die Handlung dann in eine Reihe von Nah- oder Grosseinstellungen auflösen soll.

Halbtotale (HT)
Objekte oder die handelnden Personen sind zwar vom Zuschauer noch entfernt, aber deutlich erkennbar. Menschen oder Gegenstände werden in einer sie charakterisierenden Umgebung gezeigt.

Nah (N)
Diese Einstellung zeigt die Personen in einer Distanz, in der die Zuschauer/innen einem gesprochenen Dialog folgen können, wobei hier stärker als das Gespräch die Gesprächssituation in ihrer Umgebung im Vordergrund steht. Die Gestik von Personen ist gut erkennbar.

Gross (G)
Das ist die klassische «Porträteinstellung»: Die Köpfe der handelnden Personen sind gross im Bild. Der Hintergrund, vor dem sich die Personen befinden, ist noch erkennbar. Mimik, Kleidung, Schmuck usw. sind als ihre Charakteristika gut wahrnehmbar.

© Andy Blunschi

Detail (D)
Ein kleiner Ausschnitt eines Gegenstands oder eines Menschen wird gezeigt: Ein Schmuckstück, der Mund, die Augenpartie, ein Detail eines grösseren Objektes werden bildfüllend dargestellt.

Jede äussere, messbare Distanz oder Nähe der Kamera bedeutet auch eine innere, emotionale Distanz oder Nähe gegenüber dem Dargestellten (frei nach Bela Balasz).

Einstellungsgrössen	... und ihre Aussagekraft
Totale	Zusammenhang
	Einführung
Halbtotale	Überblick
	Distanz — Nähe
Nah	Ruhe — Bedeutung
	Genauigkeit
Gross	Identifikation
Detail	Dramatischer Höhepunkt

© Arnold Fröhlich

Hinweise zur Durchführung
Anhand von kurzen, höchstens ein bis zwei Minuten langen Ausschnitten aus verschiedenen TV-Sendungen wie Krimis, Dokumentationen, Soaps, Talksendungen usw. bestimmen die Schüler/innen die unterschiedlichen Einstellungsgrössen.

Die Schüler/innen entwickeln verbal kleine Geschichten oder Szenen, in denen die unterschiedlichen Einstellungsgrössen eine dramaturgische Funktion haben. Beispiele:
- Zwei Piraten auf einer einsamen Insel (T) beginnen unter einer Palme ein Loch zu graben (HT). Mit Schaufel und Pickel machen sie sich ans Werk (N) und sie finden schliesslich ein Schatzkästchen (G), das einen wertvollen Diamanten enthält (D).
- An einer steilen Felswand (T) klettern drei Bergsteiger hoch (HT). Man sieht, wie ihre Hände in der Wand Griffe suchen (G), sie langsam höher klettern (N), aber leider nicht bemerken, dass ihr Seil, an dem sie hängen, sich im Fels eingeklemmt hat (D).

Gestaltungselemente in der Anwendung

I Ein Polizeiauto verfolgt das Auto von Bankräubern (T, die Autos im Wechsel zwischen T und HT). Ein Polizist schiesst mit einer Pistole (G) auf das flüchtende Auto (N), ein Pneu wird getroffen (G). An einem Bahnübergang (T) fährt das vordere Auto (HT) trotz rot blinkendem Warnlicht (D) über die Geleise.

📀 Film «Banküberfall» (Sachtrick)

Je nach Stufe können derartige kurze Szenen auch comicartig oder als kleines → Storyboard gezeichnet werden.

→ Von der Idee zur Premiere, S. 74

Solche und von den Schülerinnen und Schülern entwickelte Szenen können mit Playmobil- oder Legofiguren, Puppen und anderen Spielmaterialien nachgestellt und übungshalber in den verschiedenen Einstellungsgrössen fotografiert werden. Wer macht die interessanteste, spannendste Realisation?

Tipp
Mit den im schulischen Rahmen in der Regel verwendeten digitalen Foto- und Videokameras kann die Brennweite – also die Möglichkeit, verschiedene Einstellungsgrössen durch die Veränderung des Objektivs herzustellen – mit Hilfe eines Zoomobjektivs eingestellt werden. Die motorisch betriebenen Zooms der Kameras lassen aber leider oftmals jene feinen Abstufungen nicht zu, wie sie für die Einzelbildtechnik nötig wären. Eine Veränderung der Bildgrösse während des Filmens ist daher am besten noch in einer kontinuierlich gefilmten Einstellung möglich, in der keine Figuren animiert werden.

Weiterführende Arbeiten
In den höheren Stufen sind im bildnerischen Gestalten Übungen zur zeichnerischen Umsetzung eines Storyboards angebracht. Storyboards zu zeichnen ist anspruchsvoll, aber auch sehr nützlich, wenn nicht gar unerlässlich für die nachfolgenden Dreharbeiten. Deshalb empfiehlt sich für spätere Produktionen, alle Einstellungen kurz zu skizzieren oder als Storyboard zu gestalten. In diesen zeichnerischen Visualisierungen sind die Erkenntnisse aus den oben beschriebenen Übungen zur Film- und Bildsprache anzuwenden.

📀 PDF Storyboard1, Storyboard2

Andy Blunschi und Arnold Fröhlich

Im Trickfilm gelten andere Gesetze
Spezialeffekte und Gestaltungselemente

Im Animationsfilm ist vieles möglich, was in Wirklichkeit nie zutreffen kann. Figuren stürzen aus grosser Höhe zu Boden und sind gleich wieder fit, oder sie werden von einer Walze platt gedrückt und stehen auf, als wäre nichts passiert. In der Welt des Trickfilms herrschen andere Gesetze als in der Wirklichkeit. Dennoch gilt es einige Gestaltungsregeln zu beachten, damit Vorgänge und Bewegungsabläufe verstanden werden. Dazu gehören auch visuelle Effekte wie → Bewegungslinien oder → Konturenwiederholungen, die der Zeichentrickfilm vom Comic übernommen hat.

Hart getroffen, aber wenig beeindruckt ... © Zeichnungen Jonas Raeber

Verrückte Welt der Animation

Trickfilmfiguren kommen meist mit vier Fingern an der Hand aus, ihre Augen können vor Schreck aus dem Kopf springen und wieder zurückschnellen. Nicht nur die Körper von Figuren lassen sich wie Gummi in die Länge ziehen und finden ihre ursprüngliche Form wieder, auch harte oder zerbrechliche Gegenstände trotzen den physikalischen Gesetzen. Ein unsanfter Aufprall wird unbeschadet überstanden.

Die Figur ist aus hartem, zerbrechlichem Material und geht beim Aufprall trotzdem nicht in die Brüche.

Die Figur ist aus weichem Material, weshalb sie beim Aufprall vollkommen zusammengedrückt wird. © Zeichnungen Jonas Raeber

Gestaltungselemente in der Anwendung

Hinweise zur Durchführung
Schülerinnen und Schüler sammeln verschiedene Beispiele für die in medialen Darstellungen vorkommende Aufhebung oder Veränderung physikalischer Gesetze. Sie erstellen eine Übersicht und präsentieren die Bildbeispiele in einer Ausstellung.
- Jedes Beispiel wird dokumentiert und umschrieben. Dabei können als Ergänzung auch Wirkung und mögliche Folgen in der Realität mit einbezogen werden. So entsteht eine vielseitige und eindrückliche Gegenüberstellung von Fiktion und Realität.
- Mit sämtlichen Beispielen wird eine Collage (als Wandposter bzw. auf CD oder DVD mit Filmsequenzen) angefertigt.

Mögliche Weiterarbeit
Wenn in der Realität ein Ball zu Boden fällt, wird er leicht zusammengedrückt, bevor er wieder aufspringt. Fällt ein Glas auf eine harte Unterlage, so zerbricht es. Im Trickfilm werden Erfahrungen aus der Wirklichkeit bewusst unterlaufen, um eine überraschende oder lustige Wirkung zu erzeugen.

Die Schülerinnen und Schüler inszenieren (z.B. als → Daumenkino oder animiertes → GIF) alltägliche und ausgefallene Situationen und bauen dabei möglichst unerwartete und der Realität widersprechende Effekte ein.
- Eine Figur wird von einer Walze platt gedrückt und steht wieder auf ...
- Eine Figur stürzt aus grosser Höhe, aber vor dem Aufprall passiert etwas Entscheidendes ...
- Jemand bläst einen Ballon auf und die ganze Luft strömt plötzlich zurück ...
- Eine Zigarette weigert sich, angezündet zu werden ...
- Ein Getränkeautomat spielt verrückt ...

→ So kommt Bewegung ins Bild, S.12
→ Animation ohne Kamera – diesmal am Computer, S. 53

Bewegungseffekte im Zeichentrick
Obwohl beim Trickfilm Bewegung nicht nur angedeutet, sondern tatsächlich gezeigt wird, kommen auch hier gestalterische Effekte zum Einsatz, die aus dem Comic oder der Fotografie bekannt sind. Konturenwiederholung, Wischeffekte und → Speedlines können die Animation wirkungsvoll unterstreichen und den Bewegungen mehr Dynamik und Ausdruckskraft verleihen.

Schwung- und Bewegungslinien

Die Schwunglinien zeichnen die Bewegungsrichtung der Hand nach und betonen die Dynamik der Aktion.

Bewegungslinien dienen auch zur Darstellung und Hervorhebung hoher Geschwindigkeiten. © Zeichnungen Jonas Raeber

Konturenwiederholung

Bei der Konturenwiederholung werden die Umrisse des bewegten Objektes mehrfach angedeutet, um verschiedene Phasen einer Aktion (Winken, Hüpfen, Kopfschütteln) darzustellen.

© Zeichnungen Jonas Raeber

Hinweise zur Durchführung

In vielen Animationsfilmen wird mit Spezialeffekten gearbeitet und kaum ein Comic verzichtet darauf. Richtig eingesetzt, rufen sie beim Zuschauer das Gefühl hervor, ein lebendiges Abbild zu beobachten.

Zur Illustration von Konturenwiederholungen und Bewegungslinien sammeln die Schülerinnen und Schüler Beispiele aus verschiedenen Karikaturen, Bilderbüchern, Comics oder Animationsfilmen auf DVD.

In einem zweiten Schritt versuchen die Schülerinnen und Schüler ausgewählte Beispiele aus Comic-Heften selber zu animieren. In Form eines einfachen → Streifen- oder → Daumenkinos wird die Vorlage zuerst einfach durchgepaust oder abgezeichnet. Die im Comic nur angedeutete Bewegung muss nun in mehrere Phasen zerlegt und gezeichnet werden. Zur Verstärkung des Effekts werden abschliessend wieder Bewegungslinien oder Konturenwiederholungen hinzugefügt. Mögliche Beispiele: Kopfschütteln, Winken, Faustschlag, Fussballkick, Flugbewegung, freier Fall.

→ Filmtechnik ganz einfach, S. 8; So kommt Bewegung ins Bild, S. 12

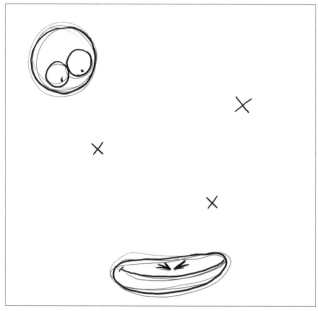
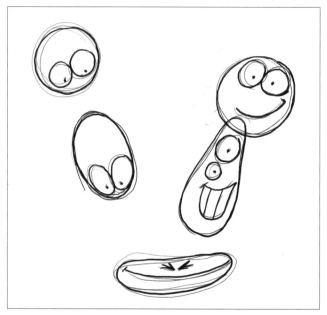

Ergänze die Szene mit Figuren bei den Kreuzen. Überlege dir dabei die Verformung vor dem Aufprall und nach dem Wegschleudern.

© Zeichnungen Jonas Raeber

Gestaltungselemente in der Anwendung

Wischeffekte

Vergleichbar mit den Schwunglinien im Comic oder Zeichentrickfilm kann in der Fotografie oder im Animationsfilm aus Realbildern die sogenannte Bewegungsunschärfe Geschwindigkeit und Bewegungsrichtung eines Objekts deutlicher zum Ausdruck bringen.

Velofahrer. Unschärfe beim bewegten Objekt © Christine Schramm

Hürdenläuferinnen. Unschärfe beim Hintergrund © Robert Varadi

Dieser Effekt kann für einen Trickfilm durch Nachbearbeitung der Einzelbilder am Computer simuliert werden. So können beispielsweise mit der Software Photoshop Elements auf den einzelnen Phasenbildern mit Filtern oder dem Werkzeug Wischfinger nachträglich Bewegungsunschärfen erzeugt werden. Da gezielt einzelne Bereiche des Bildes verwischt werden können, lassen sich auf gleiche Weise auch Schwunglinien erzeugen, um zum Beispiel die Bewegungsrichtung eines Fahrzeuges nachzuzeichnen.

Wischeffekte und Bewegungsunschärfe spielen im Animationsfilm zwar eine nebensächliche Rolle, können bei gelegentlichem Einsatz aber durchaus eine verblüffende Wirkung hervorrufen. Eine rasante Fahrt bekommt dadurch mehr Tempo und eine Verfolgungsjagd wirkt noch dramatischer, wenn Hintergrund oder Fahrzeuge in einzelnen Einstellungen nicht mehr scharf zu erkennen sind.

Mit dem Turbo-Stuhl durch die Landschaft sausen © Fotomontage Daniel Ammann

Mögliche Weiterarbeit

Gezeichnete und fotografierte Motive können bei dieser Technik ohne weiteres kombiniert werden. Im Vordergrund sitzen zum Beispiel zwei gezeichnete Figuren im Abteil eines fahrenden Zuges und durchs Fenster ist unscharf die vorbeiziehende Landschaft zu sehen. Die Zugfahrt wird dabei nicht nur durch das schrittweise Bewegen des Hintergrundes (im Stopptrick-Verfahren) simuliert, sondern wirkt durch die Unschärfe des Hintergrundes auch dynamischer und realistischer.

Tipps

- Am einfachsten lässt sich Bewegungsunschärfe erzeugen, wenn Figuren und Szenerie einzeln bearbeitet werden können. Für den bewegten Hintergrund kann beispielsweise ein mit Watte und Lösungsmittel (Aceton, Nagellackentferner, Pinselreiniger) verschmiertes Kalenderblatt beziehungsweise ein mit Aquarellfarbstiften, Wasserfarben oder Neocolor gemaltes Bild verwendet werden. Gegenstände und handelnde Personen können entweder als Legefiguren ausgeschnitten oder auf transparente Folien gezeichnet und zum Fotografieren auf den unscharfen Hintergrund gelegt werden.
- Am Computer erlauben Programme wie Photoshop Elements die separate Bildbearbeitung durch die Verwendung mehrerer Ebenen. Diese können je nach Wunsch eingeblendet, kombiniert und als einzelne Phasenbilder abgespeichert werden. Mit einem Animationsprogramm wie iStopMotion lassen sich die Bilder anschliessend zu einem Film zusammenfügen oder als Daumenkino ausdrucken. Mit iStopMotion 2 (Mac) oder StopMotionPro (Windows) lassen sich Hintergründe im Stil des Bluebox-Verfahrens einfügen oder austauschen.

PDF iStopMotion_Handbuch; Daumenkino_iStopMotion

PDF iStopMotion2_Handbuch

Kurt Schöbi und Daniel Ammann

Gestaltungselemente in der Anwendung

Szenerie als Illusionsfabrik
Hintergrundgestaltung im Animationsfilm

Jede Handlung entwickelt sich an einem Ort, in den Lichtverhältnissen der Tageszeit und inmitten von Gegenständen. In der Sprache des Films sprechen wir von Schauplatz oder Bühne, von Beleuchtung und Requisiten. Auch im Animationsfilm agieren die Figuren in einer Szenerie. Diese ist beim Animationsfilm besonders wichtig, da sie neben der Aufgabe der «Mise en Scène», welche die durch die Erzählabsicht festgelegte Platzierung an einem Ort meint, auch die Glaubhaftigkeit der Handlung bewirken muss. Wie eine solche Szenerie erstellt werden kann, ist Thema dieser Einheit.

Vorgetäuschte Bewegung eines Objekts durch bewegten Hintergrund
Ein Auto fährt durch eine Landschaft. Statt des Fahrzeugs kann die gemalte Landschaft bewegt und auf diese Weise die Illusion des fahrenden Autos erzeugt werden.

Hinweise zur Durchführung
Für den Kulissenhintergrund wird ein langes Band aus festem Papier benötigt. Hierfür können auch Einzelblätter möglichst unsichtbar zusammengeklebt werden. Die Höhe des Bandes ist abhängig von der Grösse des Modellautos, die Länge von der Dauer und der Geschwindigkeit der Fahrt.

Am besten entscheidet man sich für einen einheitlichen Malstil und gestaltet die Einzelheiten entweder realitätsnah oder deutet Häuser, Bäume, Hügel usw. in einer freieren Form nur an. Auch hier sind die Proportionen durch das verwendete Modellauto bestimmt. Je realistischer man den Hintergrund allerdings gestaltet, desto höher sind die Erwartungen beim Publikum. Das heisst, dass man keinen Fehler machen darf.

Die Kamera wird nun so positioniert, dass der untere Bildrand oberhalb der Radkästen des Modellautos verläuft, damit die Räder nicht sichtbar werden. Die Vorrichtung mit dem Hintergrund muss dabei so konstruiert sein, dass das Landschaftsbild jeweils um die immer gleiche Distanz in Gegenfahrtrichtung bewegt werden kann, ohne sich in der Höhe zu verschieben.

Mit der → Stop-Motion-Technik werden nun Einzelbilder aufgenommen und das Landschaftsband wird jeweils um die immer gleiche Distanz verschoben.

Verstärkung der Illusion der Bewegung
Falls die Räder mit im Bild sind, erscheint die Szene glaubhafter, wenn die Räder auf die Unebenheiten der Strasse durch ein Auf und Ab reagieren. Wenn das Modellauto gefedert ist, kann das unsichtbare Unterlegen der Räder eine solche Bewegung vortäuschen.

Ein im Fahrtwind wehender Schal, wenn das Auto ein Cabriolet ist, oder ein flatternder Wimpel verstärkt die Illusion der Fahrt.

Das Auto kann auch hinter einem Baum durchfahren. Stamm und Äste eines Laubbaums lassen sich aus Draht und einem Füllstoff (Gips, Papiermaché, Ton) for-

Film
«Making-of Banküberfall»
(Making-of)

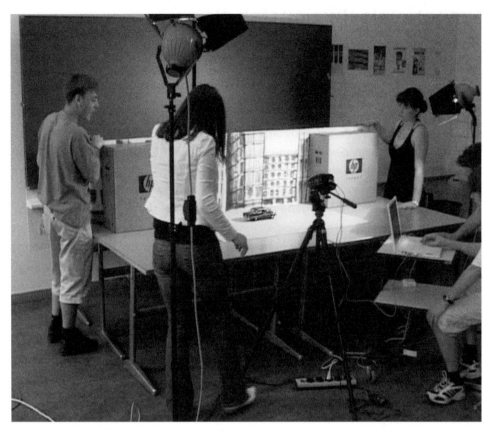

Szene aus «Promotion des Projektjahrs Trickfilm und Comic BS 2007» © Luis Wennberg und Andreas Hottinger

men. Die Blätter werden mit Stoff- oder Papierfetzchen angedeutet. Der Baum wird im Vordergrund platziert und muss im gleichen Rhythmus wie der Hintergrund verschoben werden.

Hintergrundbild als Kulisse
Ein neutraler einfarbiger Hintergrund ohne sichtbare Abgrenzung von Hintergrund und Boden wird erreicht, indem ein Blatt Papier so an einem Ständer aufgehängt wird, dass es bis weit auf die Tischfläche reicht und den rechten Winkel zwischen Tisch und Wand bogenförmig überdeckt. Dieses Verfahren wenden auch Fotografen an, wenn sie ein Objekt abbilden.

Durch die Beleuchtung der neutralen Kulisse mit weissem oder farbigem Licht können Strukturen und Stimmungen erzeugt werden. Durch Veränderung der Lichtquellen (Beleuchtungswinkel, Farbe, Intensität) während der Aufnahme kommt auch im Hintergrund Bewegung ins Bild.

Die Kulisse wird als Innenraum gestaltet (gemaltes Bild, Fotografie) und Fensteröffnungen werden ausgeschnitten. Die Lichtquelle wird so platziert, dass das Licht durch die Fenster in den Innenraum scheint. Durch Veränderung von Farbe und Intensität des Lichts werden Veränderungen in der Tageszeit simuliert. (Die Farbe des Lichts kann mit Farbfolien beeinflusst werden, die Intensität mit einem Dimmer oder mit Lagen von Transparentpapier.)

Grossformatige Fotos werden als Kulisse eingesetzt. Dabei können unterschiedliche «Realitäten» erzeugt werden: Vor einem gemalten, abstrakt wirkenden oder schummrigen Hintergrund bewegen sich massstabgetreue Modellautos.

Werner Laschinger

Hast du Töne!
Geräusche, Musik und Sprache

Ein beachtlicher Teil der Wirkung eines Trickfilms wird mit der Tonspur erreicht. Entsprechende Sorgfalt kommt der Planung und dem Aufbau der Tonspur zu. Prägnante Geräusche, Musik und kurze Einsätze der Sprache unterstreichen und ergänzen die Bildspur. Bewusst konträr eingebaut bewirken sie Überraschendes und verleihen der Produktion oft eine humorvolle Note. Es ist aber auch möglich, grundsätzlich auf eine Tonspur zu verzichten und den Trickfilm bewusst als Stummfilm zu konzipieren. Dieser Entscheid ist vor allem in den Anfängen des Trickfilmschaffens sogar oft der richtige, ohne dass dabei die Qualität des Trickfilms vermindert würde.

Was gibt den Ton an?
Ob ausschliesslich Musik oder eine Mischung verschiedener Töne dem Trickfilm unterlegt wird, hängt von der Absicht, der Aufgabenstellung und Zielsetzung ab.

Geräusche unterstützen und betonen Handlungen, machen Unsichtbares sichtbar und heben Details hervor.

Musik kann synchron oder begleitend eingesetzt werden. Wird sie synchron verwendet, folgt die Handlung dem Takt der Musik, wechseln Bilder rhythmisch zur Musik. Als musikalischer Hintergrund begleitet die Musik eine Handlung, mimt sie die Stille der Natur, das Bedrohliche des Feuers oder die Kraft von Maschinen.

Sprache meint Dialoge, innere Stimmen wie auch den Einsatz von Erzählerinnen und Erzählern. Der Trickfilm ist die Welt des Fantastischen und da erstaunt es niemanden, wenn auch Tiere und Gegenstände sprechen. Erzählerinnen und Erzähler liefern Zusatzinformationen zu den Bildern und leisten einen Beitrag zur Vertiefung einer Handlung.

Etwas Spezielles sind *kontrapunktische Töne*. Dabei wird der Ton in seinem Rhythmus, seinem Charakter bewusst der Bedeutung eines Bildes entgegengesetzt, konträr verwendet. Solche Töne wirken oft überraschend, humorvoll und entlocken ein Schmunzeln.

Hinweise zur Durchführung

Selbstverständlich bieten Computer und Internet eine hilfreiche Unterstützung bei der Vertonung eines Trickfilms – sei es als Quelle für Geräusche oder als Hilfsmittel für das Abmischen von Tonspuren. Es wäre aber falsch, die Arbeit mit Tonelementen vollends von der Fertigkeit im Umgang mit der geeigneten Software abhängig zu machen. Auch mit eigenen Stimm- und Mundlauten oder mit einfachen Hilfsmitteln können Klänge und Geräusche erzeugt werden, und die Vorführung live zum Trickfilm hat ebenfalls ihren speziellen Reiz.

- Stimmen und Geräusche imitieren: QUAK-QUAK, MIAU, DING-DONG, TRRRR-TRRRR, BUMMM usw. sind eindeutige Geräusche. Kinder erzeugen zu szenischen Bildern (Bauernhof, Verkehr, Badeanstalt ...) mit eigenen Stimm- und Mundlauten Geräusche und komponieren in Gruppen Klangbilder.

- In einem zweiten Schritt können Dialoge oder innere Stimmen (auch von Gegenständen) hinzugefügt werden. Dabei ist es hilfreich, wenn im Voraus über Eigenarten von Stimmen gesprochen wird: Welche Tonlage passt zu welchem Hund, wie spricht eine Maus, die sich versteckt hält, oder wie äussert sich ein Ball, der übermässig getreten wird?
- Sprechen Tiere, ist es zur eindeutigen Identifikation ratsam, die Sätze mit dem entsprechenden Geräusch einzuleiten, abzuschliessen oder zu unterbrechen: «QUAK-QUAK, mir wird es langsam zu gefährlich, ich verschwinde, QUAAAAK.»
- Mit einfachen Hilfsmitteln können Geräusche verblüffend echt nachgemacht werden. Lässt man z.B. Sand oder Zucker auf ein schräg gehaltenes Papier rieseln, wird der leichte Regen gleich spürbar. Werden die Klangbilder mit selbst gemachten Geräuschen ergänzt, muss für das Zusammentragen der Utensilien und das Experimentieren genügend Zeit zur Verfügung gestellt werden.

PDF
PowerPoint-Musik

- Stimmungen können auch sehr eindrucksvoll mit Musikklängen wiedergegeben werden. Dazu eignen sich Instrumente, die in den meisten Schulen vorhanden sind: Xylofon, Glockenspiel, Rhythmusinstrumente, Orffinstrumente, Maultrommel, Triangel, Schütteleier usw.
- Nun steht der letzte Schritt an. Zum Bild wird eine Geschichte erfunden, vertont und live vorgeführt.
- Tritt an die Stelle des Bildes nun der Trickfilm, wird empfohlen, die Tonspur bereits beim Planen des Trickfilms mitzudenken. Dialoge brauchen Zeit und Stimmungen dürfen etwas anhalten ... Der Einsatz eines → Storyboards kann diesen Planungsschritt massgeblich unterstützen.

PDF
Storyboard1, Storyboard2

- Selbst hergestellte Töne werden digitalisiert und in einem Tonarchiv gesammelt. Mit einem Audioprogramm (z.B. Audiorekorder von WindowsXP, GarageBand oder Audacity) können Töne direkt mit dem Mikrofon aufgezeichnet werden. Selbstverständlich ist auch ein Umweg über digitale Aufnahmegeräte möglich. Immer mehr Anbieter führen Geräte im Sortiment, die direkt auch MP3- oder WAV-Dateien generieren. Diese Daten können mit → Drag & Drop direkt auf den Computer kopiert werden.
- Im Internet kann man nach geeigneten Tönen suchen und dem Tonarchiv beifügen.
- Für Klangbilder und Toncollagen ist ein mehrspurfähiges Audioprogramm (z.B. Audacity) notwendig. Die einzelnen Geräusche, Texte und Musikklänge können so auf getrennten Spuren eingefügt, genau platziert, in der Lautstärke aufein-

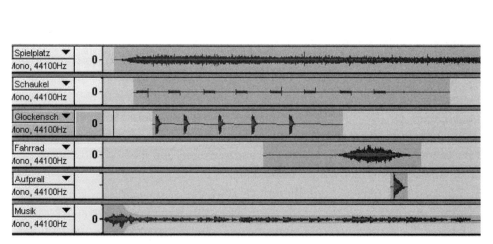

Ausschnitt einer Abmischung mit Audacity

ander abgemischt und als neue Tondatei exportiert werden. Diese Arbeit ist auch mit Videoprogrammen möglich. Einfache Ausführungen (u.a. iMovie und Movie-Maker) verfügen aber nur über zwei bis drei Audiospuren, womit der Kreativität und Klangfülle Grenzen gesetzt sind. Im preislich für die Schulen vernünftigen Rahmen bietet z.B. Adobe mit Premiere Elements ein Videoprogramm mit mehreren Tonspuren an.

- Die in der Schule oft eingesetzten Trickfilmprogramme (iStopMotion, StopMotionPro) verfügen in der Basisversion über keine Audiospuren. Der Trickfilm muss als Videodatei exportiert und anschliessend in einem Videoprogramm nachvertont werden. Dabei soll folgenden gestalterischen Elementen besondere Beachtung geschenkt werden: Dauer der einzelnen Geräusche, gezielte Überlagerungen von Geräuschen, Klängen und Musik, faden (ein- und ausblenden), Pausen, unterschiedliche Lautstärke bei parallel verlaufenden Tönen.
- Im Umgang mit Tonspuren geübte Schülerinnen und Schüler können zusätzlich räumliche Begebenheiten beachten. Fährt ein Auto von links nach rechts, wird auch der Ton entsprechend geführt. Rollt ein Stein vom Bildhintergrund in den Vordergrund, wird auch das Geräusch entsprechend dominanter.
- Überraschendes können kontrapunktische Töne bewirken. Zu hören ist der Motor eines Formel-1-Rennautos, aber zum Vorschein kommt, zwar rasend schnell, doch nur der kleine Max auf seinem Dreirad.
- Völlig abzuraten ist von der Idee, am Schluss dem Trickfilm die Lieblingsmusik der Schüler/innen beizumischen. Obwohl in guter Absicht gemeint, wird dies kaum zur Krönung der Arbeit, sondern meistens ein schlechter Kompromiss bleiben. Diese Musik passt kaum, ist zu dominant und drängt den selbst geschaffenen Trickfilm schnell in den Hintergrund.

Mögliche Weiterarbeit

Völlig anders gestaltet sich das Trickfilmschaffen, wenn als Ausgangslage ein Musikstück ausgewählt wird. Der Takt der Musik bestimmt den Verlauf der Handlung und den Wechsel der Bilder. Nicht die Arbeit am Ton ist dabei die grosse Herausforderung, sondern das Spielen mit Figuren, Objekten und Farben und deren Verschmelzung mit der Musik.

- Für ein Erstlingswerk sind zweidimensionale Bilder mit geometrischen Formen besonders geeignet. Sie lassen sich mit einem Bildbearbeitungsprogramm Schritt für Schritt verändern: Kreise dehnen sich wellenförmig aus, Quadrate, Rechtecke und Dreiecke machen sich gegenseitig den besten Platz streitig und Striche führen einen Tanz auf. Und immer spielen die Farben verrückt, wechseln mal schnell zum Fingerlauf auf den Tasten eines Klaviers und verharren bei einem anhaltenden Ton. Die Bilder müssen einzeln abgespeichert werden und im Hinblick auf das Importieren in ein Computerprogramm ist es ratsam, diese bereits gemäss der Abfolge im Trickfilm zu nummerieren.
- Für die Arbeit mit Audiospuren verwendet man am besten ein Videoschnittprogramm. Die Musik wird auf die Tonspur gesetzt. Die Bilder werden gesamthaft importiert und in Portionen auf die Videospur übertragen. Standardmässig ist bei Videoschnittprogrammen die Verweildauer für ein eingefügtes Bild auf etwa 5 Sekunden eingestellt. Damit nicht jedes Bild einzeln verkürzt werden muss, kann bei den Optionen der Standardwert nach Wunsch eingestellt werden. Im Weiteren sollten auf der Video- und Audiospur möglichst kleine Zeiteinheiten dargestellt werden (Zoomwerkzeug); damit wird der Ton als Hüllkurve gezeich-

net und der Takt sichtbar. Jetzt können die Bilder einzeln nach der Vorgabe der Musik getrimmt (verkürzt oder verlängert) werden.

Achtung: Auch wenn bei dieser Technik nicht regelmässig 12 unterschiedliche Bilder pro Sekunde Trickfilm benötigt werden, so ist es doch ratsam, die Musik fürs Erste auf 30 bis maximal 60 Sekunden zu beschränken.

Tipp
Zur Vertonung eigener Trickfilme sollte keine Musik von kommerziellen Anbietern verwendet werden, ausgenommen die Produktion ist ausschliesslich für die Vorführung in der eigenen Klasse bestimmt. Urheberrechtlich geschützte Werke dürfen nicht ohne Erlaubnis der Rechteinhaber ins Internet gestellt oder auf andere Weise verbreitet werden. Deshalb wird dringend empfohlen, für Produktionen mit Schülerinnen und Schülern eigene Musikstücke oder Werke aus dem rechtsfreien Raum zu verwenden (vergleiche:
www.urheberrecht.educa.ch, www.creativecommons.ch, www.pdinfo.com).

Material
- Geräusche im Internet:
  http://www.hoerspielbox.de
  http://www.tonarchiv.de
  (Eine einmalige Registrierung ist notwendig. Neben kostenpflichtigen Klängen stehen auch unzählige Geräusche und Töne gratis zur Verfügung.)
  http://freesound.iua.upf.edu/
- Zusätzlich zum Internet als Quelle sind CDs mit Geräuschen für Filmvertonungen oft in öffentlichen Mediotheken oder kantonalen Medienausleihstellen zu finden.
- Geräusche selber machen oder herunterladen:
  http://www.ohrenspitzer.de/index.php?id=geraeusche (1.11.07)

PDF
Geräusche

Kurt Schöbi

Werkstatt und Projekte

Werkstatt und Projekte

Von der Idee zur Premiere
Sechs Schritte zum fertigen Film

Der Trickfilm bietet in jedem Fachbereich unzählige kreative und spielerische Möglichkeiten, Geschichten zu erzählen, sich Wissen anzueignen oder Zusammenhänge sicht- und begreifbar zu machen. Mit Trickfilmen können wir im Sachunterricht physikalische Gesetze, geografische Zusammenhänge oder geschichtliche Entwicklungen dokumentieren. Und warum nicht einmal einen Aufsatz oder einen Vortrag in Form eines Trickfilms «schreiben»?

→ Deutsch – einmal anders, S. 78

Dieses Kapitel gibt Schritt für Schritt eine Anleitung, wie man von der ersten Idee zum fertigen Animationsfilm kommt.

Schritt 1: Inhalte und Genre festlegen

Zu Beginn gilt es, das Filmgenre und ein Thema gemeinsam festzulegen. Die Lehrperson nimmt die Ideen der Schülerinnen und Schüler auf und sammelt sie. Hat sie schon etwas Erfahrung in der Herstellung von Animationsfilmen, so kann sie die Vorschläge auf ihre Realisierbarkeit hin bewerten und gewichten.

→ So kommt Bewegung ins Bild, S. 12

Haben die Schülerinnen und Schüler bereits Erfahrungen mit einfachen Animationsfilmtechniken ohne Kamera gemacht, so sind sie vermutlich auch selbst in der Lage abzuschätzen, wie viel Arbeit es gibt, ganze Geschichten in einen Film umzusetzen.

Die Geschichten sollten so konzipiert sein, dass sie in wenigen Minuten erzählt werden können. Schon drei Minuten Animationsfilm geben eine ganze Menge Arbeit. Darum ist es sinnvoller, ein kleines Projekt zu planen und dieses auch zu Ende zu führen, als ein grosses in Angriff zu nehmen, das entweder nicht beendet wird oder an dem die Schüler/innen die Freude verlieren.

Ein probates Mittel, die Folgerichtigkeit und Plausibilität einer Kurzgeschichte zu testen, besteht darin, sie einer anderen Person zu erzählen, die sie noch nicht kennt. Aufgrund der allenfalls gemachten Rück- und Nachfragen werden Schwachstellen oder gestalterische Probleme bewusst gemacht.

Gerade bei der filmischen Umsetzung eines Sachthemas ist es auch möglich, dass die Lehrperson Inhalt, Form sowie die technischen Gestaltungsmittel vorgibt, mit denen die Schülerinnen und Schüler ein Thema erarbeiten oder einen Sachverhalt dokumentieren und visualisieren. Die Lehrperson wird für die Umsetzung in einen Trickfilm Inhalte, Abläufe und Prozesse wählen, die dem Gestaltungsvermögen ihrer Schüler/innen angepasst sind.

- Welche Animationsfilmtechniken eignen sich am besten für die Umsetzung der jeweiligen Geschichten oder Sachverhalte?
- Welches Material und welche Geräte werden benötigt?
- Was bringen die Schüler/innen von zu Hause mit, was muss anderweitig beschafft werden?

Werkstatt und Projekte

Schritt 2: Ein Storyboard schreiben

Das Thema ist bestimmt, die Geschichte entworfen und das Genre festgelegt. Jetzt wird das → Storyboard (so heisst das Drehbuch im Animationsfilm) entwickelt und geschrieben.

Im Storyboard geht es darum, für jede Szene den Bildausschnitt, die Kameraposition, die Handlung, die Länge und den Ton mit Skizzen und Texten festzulegen. Das Storyboard hilft beim Aufnehmen des Films, damit sein Ablauf und alle Gestaltungselemente während der Arbeit verfolgt und kontrolliert werden können.

Nachdem die Geschichte den letzten Schliff bekommen hat, wird das Storyboard, geschrieben.

PDF
Storyboard1, Storyboard2

Storyboard

Filmtitel _____ Autor/Autorin _____ Seite ___

Szene	Was ist zu sehen? Skizze der Szene	Was passiert in der Szene? Handlung, Dialog	Was hört man? Ton, Geräusche, Musik

Ein Storyboard hilft bei der Planung.

Tipp

Ein sorgfältig entwickeltes Storyboard lohnt sich auf jeden Fall, weil es bei den Dreharbeiten hilfreich ist, viel Zeit, Umwege und Enttäuschungen erspart.
Haben die Schülerinnen und Schüler gar keine Erfahrungen mit filmischen Gestaltungsmitteln, ist es wichtig, vor dem Schreiben des Storyboards an Beispielen einige Grundlagen zu Kameraeinstellungen, Kamerapositionen und Kamerabewegung zu vermitteln.

→ Die Einstellung macht die Geschichte, S. 58

Schritt 3: Den Film aufnehmen

Wenn das Storyboard fertig geschrieben ist und die Schülerinnen und Schüler die wichtigsten Elemente der Filmsprache kennen, beginnen die Dreharbeiten.

Hinweise zur Durchführung

Ganz entscheidend für den Umfang der Arbeit ist die Anzahl der Einzelbilder, mit denen der Film aufgenommen werden soll. Je grösser die Menge der Einzelbilder, die hintereinander gemacht werden, desto weniger Einstellungen braucht es für eine Sekunde Film. Je mehr unterschiedliche Bilder pro Sekunde gemacht werden, desto fliessender ist die Bewegung der aufgenommenen Objekte – desto grösser ist aber auch der Aufwand.

Steht für die → Montage ein Computer mit einem Schnittprogramm zur Verfügung, können die einzelnen Bilder auch mit einer digitalen Fotokamera aufgenommen, anschliessend in den Computer eingelesen und mit dem Schnittprogramm bearbeitet und montiert werden.

Tipp

Bevor mit der filmischen Umsetzung der Geschichte oder des Sachthemas begonnen wird, lohnt es sich, mit der gewählten Trickfilmtechnik zu experimentieren, um so erste Erfahrungen zu sammeln und ein Gefühl für die Bewegungsabläufe zu bekommen.

Schritt 4: Das Filmmaterial montieren

Nachdem die Filmaufnahmen gemacht sind, beginnt die Montage des Bildmaterials.

Hinweise zur Durchführung

Es empfiehlt sich, zuerst in einer Grobmontage alles Bildmaterial anhand des Storyboards chronologisch zu montieren.

Nachdem der erste Eindruck gewonnen ist, beginnt die Feinarbeit, das heisst:
- Schlechte Aufnahmen werden wenn möglich herausgeschnitten und nachgedreht.
- Zu lange Sequenzen werden gekürzt.
- Die Einzelbilder für die Szenenübergänge werden festgelegt, sodass ein möglichst harmonischer und rhythmischer Schnitt entsteht.
- Die Szenenfolge wird immer wieder daraufhin kontrolliert, ob die Geschichte spannend, interessant und verständlich ist. Vielleicht gewinnt eine Szene an Qualität, wenn sie durch Zwischenschnitte in einzelne Sequenzen zerlegt wird.

Wird der Trickfilm mit einem Schnittprogramm auf einem Computer montiert, so bietet die Software in der Regel eine breite Palette von Bildtricks für Szenenübergänge, → Standbilder, Auf-, Ab- und Überblendungen usw. Diese Gestaltungsmittel sollten jedoch sparsam eingesetzt werden und eine begründete Funktion erfüllen, damit der Trickfilm nicht zu einer technischen Spielerei verkommt.

Ein richtiger Film hat einen Vor- und einen Nachspann. Im → Vorspann steht in der Regel der Titel des Films und wer ihn gemacht hat. Im → Nachspann sind alle künstlerischen und technischen Mitarbeiterinnen und Mitarbeiter sowie Personen, die die Filmarbeit durch Geld- und Sachleistungen unterstützt haben, aufgeführt.

Werkstatt und Projekte

Ganz am Schluss steht, wem der Film gehört, d.h., wer das sogenannte Copyright (©) besitzt und in welchem Jahr der Film realisiert wurde.

Tipps
Auch für die Produktion von Vor- und Nachspann bieten sich viele technische und gestalterische Möglichkeiten: Titel und Namen
- werden mit dem Schnittprogramm eines Computers generiert.
- werden auf Zeichenpapier oder auf eine Tafel geschrieben und aufgenommen. (Mit der Stopptricktechnik kann sogar der Eindruck erzeugt werden, die Wörter würden von einer unsichtbaren Hand geschrieben.)
- werden auf ein langes Papierband geschrieben und mit kleinen Verschiebungen in Einzelbildern aufgenommen, sodass der Eindruck von Lauftiteln entsteht.
- werden auf Folie geschrieben und auf ein Hintergrundbild oder wechselnde Hintergrundbilder gelegt. Durch kleine Verschiebungen kann auch hier der Eindruck einer laufenden Schrift auf einem Bild oder ein laufendes Bild unter der Schrift erzeugt werden.

Schritt 5: Den Film vertonen
Es ist nicht unbedingt nötig, den Film zu vertonen, auch ein Stummfilm hat seinen ganz speziellen Reiz. Allerdings kann ein gut und überlegt eingesetzter Ton den Ablauf eines Films stützen, witzige Akzente setzen oder Bestandteil der Geschichte sein, indem er Dialoge oder einen Kommentar enthält.

 PDF
Geräusche

→ Hast du Töne!, S. 69

Schritt 6: Die Premiere
Für alle Filmautorinnen und -autoren ist die erste Vorführung ihres Werks vor Publikum ein grosser Moment.

Der Weg von der ersten Idee bis zum fertigen Film ist in der Regel ein langer und arbeitsintensiver Prozess. Die Autorinnen und Autoren sind zu Recht gespannt, wie ihr Werk ankommt. Lob und Anerkennung des Publikums sind der Lohn für die geleistete Arbeit.

Hinweise zur Durchführung
- Mit originell gestalteten Flyern und Flugblättern wird das Publikum eingeladen.
- Ein tolles Filmplakat, das an öffentlichen Stellen aufgehängt wird, und spannende Szenenfotos im Schulhausgang machen auf die Filmpremiere aufmerksam und neugierig.
- Bei grösseren Projekten und gelungenen Filmen ist es eventuell auch möglich, die regionalen Medien mit Informationen (Bildern und Texten) zu bedienen und zur Premiere einzuladen. Die Schülerinnen und Schüler können einer lokalen Zeitung auch selber einen Premierenbericht und eine Filmkritik zustellen – falls sie sich bewusst sind und akzeptieren können, dass die Wahrscheinlichkeit, dass ihr Beitrag den Weg in die Öffentlichkeit findet, in der Regel gering ist.
- An der Filmpremiere selbst stellen die Schüler/innen ihre Filmcrew vor und führen kurz in den Film ein.

Heinz Urben

Deutsch – einmal anders
Animationsfilme im Literaturunterricht

Das Aufführen eines literarischen Textes mit dem Ziel der Vertiefung und der Auseinandersetzung ist ein verbreitetes Verfahren im handlungsorientierten Literaturunterricht. Allerdings wird als Form meist die Bühne gewählt, auf der Schülerinnen und Schüler auftreten und den Text sprechen. Es liegt aber auf der Hand, Animationsfilme mit dem gleichen Ziel zu gestalten und im Literaturunterricht einzusetzen.

Ein Märchenfilm aus Papierschnipseln
Die Produktion eines Märchenanimationsfilms mit einfachen Mitteln wird angeregt. Die der Altersstufe angemessene Textvorlage eines Märchens wird ausgewählt. Auf dieser aufbauend entsteht der Animationsfilm.

Hinweise zur Durchführung
Als Anfang soll die Szene aus den Bremer Stadtmusikanten animiert werden, in der sich die vier Tiere aufeinanderstellen und mit ihrem lauten Geschrei die Räuber aus der Herberge verjagen. Aus farbigem und bemaltem Papier werden die Rümpfe, die Köpfe und die Beine der vier Tiere ausgeschnitten. Zudem braucht es einen Tannenwald als Hintergrund und einen Teil des Räuberhauses mit einem beleuchteten Fenster. Zuerst beraten die Tiere im Kreis. Dann stellt sich der Esel mit den Vorderbeinen aufs Fensterbrett, der Hund steigt auf den Esel, die Katze auf den Hund und zuletzt flattert der Hahn auf die Katze. Damit der Hahn flattern kann, braucht er Flügel statt Vorderfüsse.

PDF iStopMotion_Schule

PDF Geräusche

Die einzelnen Szenen werden ausgelegt, mit der Digitalkamera geknipst und in einem Schnittprogramm montiert oder schon als Bildfolge mit iStopMotion aufgenommen. Das Mac-Programm iStopMotion hat den Vorteil, dass die vorhergehende Position des Objekts als transparentes Bild sichtbar ist und das neue Bild daran ausgerichtet werden kann. Somit wird die Objektpositionierung vereinfacht und das Abspielen verflüssigt. Zum Schluss erhält die kurze Szene im Schnittprogramm einen selbst produzierten Ton.

Tipps
- Damit die Schülerinnen und Schüler leichter zu einer eigenen Darstellung der Figuren finden, können Bilderbücher als Vorlage dienen.
- Spielfiguren, Puppen oder Knetfiguren: Statt Papierschnipsel werden Spielfiguren verwendet. Besonders gut eignen sich solche, bei denen bewegliche Gelenke einen natürlichen Gang ergeben. Plastilinfiguren ermöglichen eine grosse Vielfalt an Bewegungen und lassen sich direkt an die Aufgabe anpassen.

Animierte Szene aus einem Drama oder einem Gedicht

Auf der Sekundarstufe II kann die Aufgabe darin bestehen, eine Schlüsselszene eines Dramas als Trickfilm umzusetzen. Dabei eignen sich Papier- und Plastilinfiguren in gleicher Weise. Bei der Wahl der Szene sollte ausreichend Handlung vorhanden sein, damit die Animation auch das richtige Medium ist. In Lessings *Nathan der Weise* finden sich beispielsweise viele Szenen, die sich zur visuellen Umsetzung eignen. Aus Frischs *Homo faber* lässt sich die Szene in der Wüste Tamaulipas nach der Notlandung gewinnbringend animieren. Für stark auf Sprache ausgerichtete Szenen eignet sich das Hörspiel besser. Natürlich können auch montierte Dialoge den Trickfilm ergänzen.

→ Hast du Töne!, S. 69

Reizvoll könnte auch die Animation eines Gedichts wirken, wenn die Bilder, die im lyrischen Text entworfen werden, in figürliche Animationen umgesetzt werden. Oder Farben und Formen werden als abstrakte Gebilde assoziativ und entsprechend der Stimmung animiert. So wäre es zum Beispiel einen Versuch wert, die Robinsongedichte von Christa Reining und Karl Krolow in einen Animationsfilm umzusetzen.

Link
Goethes Ballade «Der Zauberlehrling» als Stop-Motion-Film:
http://netzspannung.org/learning/kids-arts-media/sorcerer (1.11.07)

Werner Laschinger

Zeichnen, Scannen und Kneten
Schulische Animationsfilmprojekte

Der Erfolg kommerzieller Kinofilme in Animationstechnik und die Beliebtheit von Trickfilmen im Fernsehen bei Kindern und Jugendlichen – «The Simpsons» gehört zu den von ihnen meistgesehenen Sendungen – führen bei Schülerinnen und Schülern oftmals zum Wunsch, selbst einen derartigen Film herzustellen. Im Rahmen schulischer Projekte kann die Realisierung von Animationsfilmen als fächerübergreifende Arbeit eingebaut werden. Es liegen mehrere Beispiele vor, bei denen Animationsfilme als Maturaarbeit angenommen worden sind.

Drei Projektbeispiele aus der Sekundarstufe II werden hier beschrieben.

Film
«Der Tausendfüssler Caterpillar» (Zeichentrick)

Der Tausendfüssler Caterpillar

Der Animationsfilm «Caterpillar» ist anlässlich des Basel-Karlsruhe-Forums 2007 in Basel entstanden. Eine Gruppe von vier Schülerinnen und Schülern des Gymnasiums Leonhard hat diesen Film in einem Workshop unter Anleitung des indischen Filmemacher-Ehepaars Meenakshi Vinay Rai in vier Tagen gezeichnet, editiert und vertont.

Zum Inhalt: Der Tausendfüssler Caterpillar hat grossen Hunger. Am Baum entdeckt er einen roten Apfel. Er klettert zielstrebig auf den Ast, an dem der Apfel hängt. Doch durch die Erschütterung fällt der Apfel auf den Boden. Caterpillar, der sich seiner Nahrung betrogen fühlt, schwebt auf dem Blatt, das neben dem Apfel am Zweig angewachsen war, auf den Boden und verschlingt den Apfel ganz. Er sieht dann aus wie eine Riesenschlange mit verspeister Beute.

Der Tausendfüssler Caterpillar

Hinweise zur Durchführung

Nachdem der Inhalt der Geschichte entworfen ist, wird sie in einzelne Einstellungen aufgelöst. Am besten geschieht das mit einem → Storyboard. Für jedes Bild wird eine Zeichnung mit schwarzen Umrisslinien angefertigt. Auf einem Leuchttisch wird die Zeichnung durchgepaust. Was sich jeweils gegenüber der vorhergehenden Situation bewegen soll, wird in der neuen Lage gezeichnet. Auf je mehr Bilder die Bewegung verteilt wird, desto fliessender wird der Ablauf in der fertigen Animation. Die Bilder werden mit der TV-Auflösung (720 x 576 Pixel, 72 dpi) eingescannt. Die digitalen Bilder werden anschliessend in einem Schnittprogramm montiert.

Dabei können einzelne Bildfolgen mehrmals verwendet werden, ohne dass dies dem Zuschauer störend auffällt. Ein wichtiges Element ist die Vertonung mit Geräuschen und eventuell mit Musik. Animationsfilme wirken mit einer Audiospur viel glaubhafter.

→ Hast du Töne!, S. 69

Tipps
- Beim Durchpausen auf dem → Leuchttisch ist unbedingt darauf zu achten, dass die Blätter passgenau aufeinandergelegt werden. Beim Scannen sollen die Blätter immer genau in eine Ecke eingelegt werden.
- Steht kein Leuchttisch zur Verfügung, kann auch gegen eine Fensterscheibe durchgepaust werden. Dies führt zum gleichen Ergebnis, ist allerdings etwas mühsamer.

Hugo will nach Hause

Dieser Film ist im Rahmen einer Maturaarbeit am Gymnasium Leonhard in Basel entstanden. Sie wurde im Jahr 2005 von Samuele Tirendi eingereicht.

Der Animationsfilm ist nach ähnlichem Verfahren wie «Caterpillar» entstanden. Zuerst wurde der Charakter Hugo, eine comicähnliche Fantasiefigur, entwickelt und ein Drehbuch erstellt. Die einzelnen Bilder entstanden als Umrisszeichnungen mit schwarzen Linien. In vielen Fällen war es nur notwendig, die veränderten Bereiche neu zu zeichnen. Die Zeichnungen wurden als Scans in Photoshop importiert, dort eingefärbt und in Ebenen zusammengestellt. Da Einzelteile vor transparentem Hintergrund importiert wurden, konnten sie vor den sich nicht verändernden Hintergrundebenen verwendet werden.

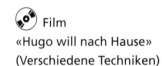

Film «Hugo will nach Hause» (Verschiedene Techniken)

Fantasiefigur Hugo unterwegs

Die fertigen Sequenzen konnten mit dem Filmbearbeitungsprogramm FinalCut Pro zum Film zusammengestellt werden, wobei es mit diesem Programm möglich ist, die Ebenen von Photoshop darzustellen und im Detail noch zu bearbeiten.

Verbindung von Animationsfilm und Wirklichkeit
In iStopMotion 2 oder FinalCutPro besteht die Möglichkeit, den Hintergrund durch eine Realfilmszene zu ersetzen. Damit lässt sich ganz einfach ein «Pumuckel»-Effekt, die Kombination von Realfilm mit gezeichneten Figuren, nachbilden.

PDF iStopMotion2_Handbuch

Werkstatt und Projekte

 Film
«Yellow Dog»
(Plastilintrick)

Yellow Dog

Dieser Film wurde in einer weiteren Animationsfilmtechnik hergestellt, dem Knet- oder Plastilintrick. Die dreidimensionalen Knetfiguren eignen sich sehr gut, um reale oder fantastische Geschichten zu erzählen. «Yellow Dog» ist 2006 im Rahmen einer Maturaarbeit am Gymnasium Leonhard von Nora Richardson hergestellt worden.

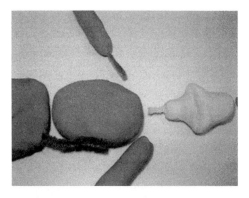
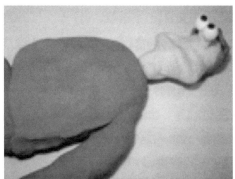
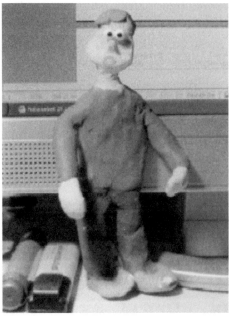

Eine Knetfigur entsteht.

Hinweise zur Durchführung

Für den Animationsfilm «Yellow Dog» wurden drei Figuren entwickelt. Als Skelett diente Pfeifenputzerdraht. Der Rumpf, die Beine, die Füsse, Arme, Hände und der Kopf wurden mit Knetmasse um die Skelette herum modelliert. So konnten die einzelnen Bewegungen der Figuren erzeugt werden. Für die Mimik wurden die Augen separat eingesetzt, mit der Stellung der Pupille und des Mundes, der aus Papierschnipseln gebildet wurde, konnten unterschiedliche Stimmungen der Figuren erreicht werden.

Das Set besteht aus einer Bodenplatte aus Styropor und nur zwei Wänden. Es ist somit auf zwei Seiten offen, was die Manipulation der Figuren erleichtert. Mit einfachen Bürolampen wurde die Szenerie ausgeleuchtet. Die notwendigen Requisiten wurden aus Holz, Papier und Plastilin angefertigt und entsprechend angemalt.

Die Bewegung der Figuren wurde schrittweise vollzogen. Dabei war es wichtig, dass die Figuren ihre ursprüngliche Form nicht verloren. Wenn eine Figur zu viele Veränderungen über sich ergehen lassen musste, brauchte es eine Ersatzfigur oder die ursprüngliche musste neu geknetet werden.

Tipps
- Modelliersets bieten kleine steckbare Augen an, die problemlos in den Kopf der Figuren eingesetzt werden können. Für die Nase des Hundes wurde ebenfalls ein solcher Stecker verwendet.
- Welche Figurengrösse eignet sich für den Animationsfilm? Kleine Figuren brauchen weniger Material und sind etwas stabiler, grössere lassen sich leichter bewegen. Eine Figurengrösse für eine erwachsene Person zwischen zehn und zwanzig Zentimetern hat sich als optimal erwiesen.

Vertonung
Der Film «Yellow Dog» ist nicht vertont. Die Ausdruckskraft der Bilder und die Bewegung der Figuren sind allerdings so gut ausgestaltet, dass die Geschichte auch ohne Ton verständlich ist. Allerdings kann eine passende Tonspur viel zur Ambiance der Geschichte beitragen. → Hast du Töne!, S. 69

Werner Laschinger

Kinder bauen eine Stadt
Beispiel eines altersübergreifenden Trickfilmprojekts für Schule und Jugendarbeit

In den Frühlingsferien 2006 entstand auf dem Abenteuerspielplatz Holzwurm in Uster die Filmstadt «Holziwood». Mit täglichen Kinovorstellungen, Stunt-Training, Tagesschau- und Videoproduktionen, Trickfilmwerkstatt und Schminkatelier bot das Projekt eine einzigartige Erlebniswelt.

Die Trickfilmwerkstatt war ein eigenständiges Atelier, in dem verschiedene Produktionen entstanden. Dafür wurde seitens der Betreuenden ein Angebot gemacht, das einerseits über zwei Wochen von Kindern unterschiedlichen Alters (6- bis 15-jährig) genutzt werden konnte und andererseits eine technische Einführung in die Arbeit bot.

Film «Städtebau» (Werkstatt/Projekte)

Das Projekt «Städtebau» entwickelte sich zu einem der Hauptprojekte. Es bestand darin, an einem Ort auf dem Abenteuerspielplatz mit einfachen, selbst gebastelten Materialien eine Stadt zu bauen, deren allmähliche Entwicklung in Stopptricktechnik als Animationsfilm festgehalten und «dokumentiert» wurde: Zu immer mehr Strassen und Häusern gesellten sich Industriegelände und Anlagen, die einem kontinuierlichen Wandel unterworfen waren – genau so, wie sich auch eine reale Stadt entwickelt.

Einfache und klare Strukturen erlaubten es, die Kinder «ihre» Stadt selbständig gestalten zu lassen. Einige Kinder übernahmen für längere Zeit die Verantwortung am Ganzen. Aber ebenso waren kurze Einsätze mit einer spontanen Idee möglich. Etwa 50 Kinder beteiligten sich an diesem Gemeinschaftswerk.

Gedanken zur schulischen Umsetzung

Da dieses Projekt im Freizeitbereich entstand, ist die Umsetzung als schulisches Projekt nicht eins zu eins übertragbar – deshalb hier einige Gedanken vorweg.

Ein Animationsfilmprojekt eignet sich im Allgemeinen dann, wenn in Kleingruppen gearbeitet werden kann, beispielsweise als Teilangebot einer Trickfilmwerkstatt während einer schulischen Projektwoche.

Die Erfahrung hat gezeigt, dass – je nach Charakter und Konstellation der Beteiligten – ab der 4. Primarklasse ein selbständiges Arbeiten möglich ist. Sind die technischen Grundlagen eingehend vermittelt, reicht es, wenn sich die Betreuungsperson auf Abruf im Hintergrund hält oder sich als Mitspieler integriert.

Ist das Projekt klassenübergreifend angelegt, können auch jüngere Kinder problemlos mit einbezogen werden. Unter der Obhut älterer Schüler/innen kommen auch Kinder der Unterstufe in den Genuss, sich ein Lernfeld einmal ohne Lehrperson erschliessen zu können.

Will man mit dieser Idee eine ganze Klasse oder grössere Gruppe gleichzeitig beschäftigen, wären mehrere «Baustellen» nötig, weil es sich als ungünstig erwiesen hat, wenn mehr als vier Personen auf dem Set arbeiten. Kann eine solche Menge an technischem Gerät nicht beschafft werden, ist eingehend zu überlegen, wie man Gruppen, die gerade nicht filmen können, anderweitig beschäftigt. Möglich wären ein Regieteam und verschiedene von diesem koordinierte Werkstätten: Geschichten- und Drehbuchwerkstatt (Schreiben, Skizzieren); Figuren- und Objektwerkstatt (Gestalten); Filmwerkstatt (Filmen).

Vorsicht Baustelle!

1. Der Raum

Für die Durchführung des Projekts sollte ein Bereich in einem Raum zur Verfügung stehen, der leicht abzugrenzen ist. Möglich ist beispielsweise eine Ecke des Schulzimmers, die durch Bänke oder improvisierte «Barrieren» vom Rest des Raumes abgetrennt und geschützt wird. Wenn das Projekt nicht in den schulischen Alltag integriert werden kann oder soll, ist ein separater Raum vorzuziehen.

Die Arbeitsecke © Yvonne Irniger/Markus Herrmann

Im Beispiel «Holziwood» diente eine Art Baracke als Drehort. Eine vom Eingang entfernte Ecke des Raumes wurde als zu bespielender Bereich ausgewählt und der Fussboden als Spielfläche bestimmt. Damit sollte bewusst eine «Ebene für Kinder» geschaffen werden, wo Erwachsene – wollten sie mittun – auf bequeme Tischhöhen verzichten und am Boden mitspielen mussten.

Tipp

Um gestalterisch möglichst frei zu sein, empfiehlt es sich, die Ecke, wo der Bildausschnitt entsteht, mit Holzplatten zu versehen, damit zum Beispiel Nägel eingeschlagen werden können, gesudelt und gemalt werden darf.

2. Material

Im gleichen Raum wurde ein Platz eingerichtet, an dem Spielfiguren oder Spielobjekte für die Geschichten hergestellt werden konnten. Zwei kleine Werkbänke und einige Quadratmeter Fussboden waren dafür vorgesehen.

Der Fotoapparat muss fixiert sein.

© Yvonne Irniger/Markus Herrmann

Für diesen gestalterischen Teil des Projekts war eine Auswahl an gängigen Werkzeugen vorhanden (Scheren, Cutter, Zangen, Schraubenzieher, Hammer, Heissleimpistole usw.).

Folgende Materialien und Hilfsmittel waren zudem vorgängig beschafft worden und lagen für alle sichtbar bereit: Karton- und Schuhschachteln, leere WC-Rollen, Petflaschen, Trinkhalme, Bambusspiesse, Klebeband, Knetmasse, Schnur (auch durchsichtige Decoschnüre), Papier, Farb- und Filzstifte, Gouachefarben. Aus dem Fundus des Abenteuerspielplatzes kamen weitere Materialien dazu, welche die Kinder zu Geschichten inspirierten.

3. Vorbereitung

Der digitale Fotoapparat auf einem Stativ wird so platziert, dass im Sucher ein Ausschnitt von ca. 1,5 m x 1,5 m Bodenfläche sichtbar ist. Mit Malerband wird an der Wand die Höhe des sichtbaren Bereichs markiert.

Will man «lesbare» Filme erzielen, ist es notwendig, dass der Fotoapparat bei allen Aufnahmen in derselben Stellung bleibt, dass er also immer denselben Ausschnitt fotografiert. Hält man diese Regel nicht ein, macht der Film unmotivierte «Sprünge».

Tipps
- Das Stativ sollte in seinen Stellungen starr fixiert und die Stativbeine auf dem Boden festgeklebt oder genau markiert werden, was hier mit drei Pet-Flaschendeckeln, die auf den Boden geschraubt waren, erreicht wurde.
- Der Zoom des Fotoapparates wird auf die Grundstellung gesetzt bzw. auf eine Stellung, die immer wieder leicht zu finden ist. (Den Anfängern wird empfohlen, den Kamerastandort und den Kamerazoom während einer Filmepisode möglichst wenig zu verändern.)
- Um für eine DVD das geeignete Bildformat zu erreichen, wählt man die Bildgrösse mit 1024 x 768 Pixel (bei einzelnen Kameras als XGA-Format).
- Mit den heute gängigen digitalen Fotoapparaten genügt es, die Fotos in normaler Qualität aufzunehmen, d.h., es muss nicht darauf geachtet werden, dass die Auflösung besonders hoch ist. Wichtig ist vielmehr eine hohe Speicherkapazität des Fotoapparates respektive des damit verwendeten Speichermediums. Viel Speicherplatz macht es möglich, einzelne Geschichten durchgehend aufzuneh-

Werkstatt und Projekte

men, sodass das ganze Fotomaterial erst am Schluss einer einzelnen Filmsession oder gar erst am Schluss des Tages auf den Computer geladen werden muss.
I Der Bereich, der vom Fotoapparat erfasst wird, ist mit Klebeband genau einzugrenzen. Damit wird für alle erkenntlich, wo genau eine Figur oder ein Objekt «in die Szene tritt». (Das Klebeband hilft auch dabei, unerwünschte Hände, Arme, Beine usw. der Spielenden aus den Fotos herauszuhalten.) Falls die Kamera einen Zentrierpunkt hat, kann man sich auf dem Set auch denjenigen Punkt diskret markieren, der in der Mitte des Kamerasuchers zu sehen ist.
I Die Kamera wird am besten immer übers Netzkabel mit Strom versorgt, weil sie für einen Batteriewechsel immer vom Stativ genommen werden müsste.
I Falls man Wert darauf legt, dass während des ganzen Films einheitliche Farb- und Lichtverhältnisse herrschen, helfen die immer gleich aufgestellten künstlichen Lichtquellen.

4. Auf dem Set
Auf dem Set wird in kleinen Gruppen gearbeitet, vorzugsweise zu zweit, zu dritt oder zu viert. Ein Kind bedient den Fotoapparat, die Übrigen verschieben die Objekte und Figuren oder helfen, dass ein gewisser Überblick (Regie) gewahrt wird. Diese Rollen können untereinander immer wieder vertauscht werden.

Folgende Eigenschaften sind bei dieser Ausgangslage von den Spielenden besonders gefordert: Einerseits ist es Geduld und Durchhaltewillen beziehungsweise die Bereitschaft, sich in kleinen Schritten ruhig und sorgfältig vorwärtszubewegen. Andererseits ist es die soziale Kompetenz beziehungsweise die Fähigkeit, sich in ein (Film-)Team und in einen Arbeitsablauf einzugliedern, in dem alle voneinander abhängig sind.

Es entsteht ein Wechselspiel zwischen dem Kind, das den Auslöser des Fotoapparates drückt, und denjenigen, welche die Figuren und Objekte verschieben. Eine deutliche Kommunikation und klare Anweisungen innerhalb und zwischen den Rollen helfen, einen zügigen Aufnahmerhythmus zu erhalten: «Okay, du kannst jetzt fotografieren!» ... «Okay, ihr könnt wieder verschieben!» ... «Halt, stopp, du hast noch den Arm im Bild!»

Den Kindern wird schnell klar, dass hektisches Agieren auf dem Set zu keinen erfreulichen Resultaten führt. Die Geschichten werden zu bewegt und «unlesbar». Es geschieht «zu viel aufs Mal» und dies zu schnell für unser Auge.

Filmen in Teamarbeit

© Yvonne Irniger/Markus Herrmann

Werden die Spielenden zu einem Team, das konzentriert arbeitet, kann eine Geschichte innerhalb weniger Minuten «im Kasten» sein. Genauso kann es geschehen, dass die Kinder kaum zu einem Ende kommen wollen, weil ihnen während des Aufnahmeprozesses immer wieder neue Wendungen für ihre Geschichte einfallen.

Das Vorgehen ist einfach: Mit dem starr installierten digitalen Fotoapparat werden in Stopptricktechnik Einzelbilder aufgenommen.

Beispielsweise schleicht sich eine Strasse ins Bild und hinterher kommt eine alte Fabrik gewatschelt und so nimmt die Geschichte ihren Lauf.

Wie weit und wie genau man eine Figur oder ein Objekt zwischen den einzelnen Fotos verschieben sollte, um «runde» Bewegungen zu erhalten, kann in kurzen Experimenten erprobt werden.

Die Fotos werden mit Hilfe des Computers aneinandergehängt und als «Film» hintereinander abgespielt. In «Holziwood» begnügten wir uns mit sechs Bildern in der Sekunde. Empfindet man so ein Filmchen mit sechs Bildern pro Sekunde zu ruckig, kann man auch mit einer höheren Bildzahl pro Sekunde arbeiten. Das bedeutet dann allerdings mehr Arbeit für dieselbe Filmdauer.

5. Der Schnitt
In «Holziwood» wurden nach jedem Tag, oder wenn die Speicherkarte voll war, die Daten in den Computer eingelesen und die Bilder in einem eigenen Ordner abgelegt. Mit QuickTimePro werden sie dann als Bildsequenz geöffnet
(ABLAGE – BILDSEQUENZ ÖFFNEN.../Ziel-Ordner wählen und erstes Bild anklicken/ ÖFFNEN/Bildrate: z.B. sechs Bilder in der Sekunde wählen/ÖFFNEN).

So entstand jedes Mal ein einzelnes QuickTime-Filmchen. Alle zusammen wurden dann im iMovie als importierte Clips zusammengesetzt und weiterverarbeitet. So hat man die Möglichkeit, einzelne kleine Fehler herauszuschneiden oder zu kurze Sequenzen künstlich zu verlängern. Schliesslich kann der Film mit Geräuschen vertont oder mit Musik untermalt werden (was mit QuickTime allerdings nur bedingt ausführbar ist).

→ Hast du Töne!, S. 69

Wichtig! Die Bilder der Kamera jedes Mal in einem neuen Ordner einlesen und in diesem keine einzelnen Bilder löschen. Will man mit QuickTimePro eine Bildsequenz öffnen, sucht das Programm nach den Bildern, die einer genauen Nummernreihe folgen.

6. Film ab!
Das Projekt «Städtebau» war für alle Beteiligten ein einzigartiges Erlebnis. Jeder und jede konnte einen Beitrag leisten. Geschichten und Ideen entstanden und wurden weitergegeben, ohne Wertedruck und mit viel Spielfreude. Das war anlässlich der Vorführung des fertigen Films auch für die Zuschauer/innen spürbar. Er ist ein spannendes Sehvergnügen, eine Entdeckungsreise, in welcher viele kleine Geschichten versteckt sind.

Markus Herrmann, Yvonne Irniger und Lukas Roth

Ausstellung im Internet
GIF-Animationen präsentieren

Es versteht sich von selbst, dass die Schülerinnen und Schüler ihre gelungenen Filme oder Animationen gerne vorzeigen. Nicht immer braucht es dazu eine Veranstaltung. Auch im Internet lassen sich kleine Filme «ausstellen»: Im Unterricht entstandene GIF-Animationen lassen sich im Internet als eine überall und jederzeit abrufbare Online-Ausstellung präsentieren.
Die Einheit eignet sich für die Sekundarstufe I.

Etwas Technik braucht es schon

Die GIF-Animationen können mit einem → HTML-Editor (bekannteste Softwares dazu: Dreamweaver / GoLive / Frontpage) in eine Internetseite eingebunden werden.

Neben diesen kostenpflichtigen Programmen kann auch mit Freeware gearbeitet werden: Im Internet gibt es zahlreiche kostenlose HTML-Editoren mit ausführlichen Anleitungen zu den jeweiligen Programmen.

Auf der beigelegten DVD befinden sich Hinweise für den Download von HTML-Editoren. Mit dem HTML-Editor werden die fertig gestellten Animationen in eine Internetseite eingebunden.

Mit Hilfe eines ausführlichen Tutorials zur Arbeit mit Phase 5 (Hinweise auf der DVD) werden die Animationen in eine Internet-Seite integriert.

Verfügt die eigene Schule bereits über einen E-Learning-Bereich auf einem Internetserver (bekanntester in der Schweiz für die Schulen: www.educanet2.ch), können die erstellten GIF-Animationen auch auf einer solchen Plattform ausgestellt werden.

Tutorials
GIF-Animationen im Internet ausstellen

Tutorials
GIF-Animationen im Internet ausstellen → Beispiele → Variante 1

Variante 1
Einen Ausstellungsraum im Internet mit dem Website-Generator von Educanet2 erstellen

Diese nicht ganz einfache Arbeit kann von der Lehrperson selbst, von einem versierten Schüler oder einer kleinen Schülergruppe in Zusatzarbeit vorgenommen werden.

Tutorials
GIF-Animationen im Internet ausstellen → Anleitungen

http://www.educanet2.ch
Educanet2 steht ausschliesslich Lehrerinnen, Lehrern und Personen, die beruflich im schweizerischen öffentlichen Bildungswesen tätig sind, kostenlos zur Verfügung. Öffentliche Schulen können jederzeit gratis einen E-Learning-Bereich einrichten lassen. Falls im bereits bestehenden Bereich der eigenen Schule kein eigener Klassenraum auf Educanet2 für die Lehrperson zur Verfügung steht, kann der Administrator der Schule einen Klassenraum für die geplante GIF-Ausstellung einrichten.

Vorgehen
- Einloggen auf www.educanet2.ch
- In den eigenen Klassenraum gehen: «Institution» und «Ihre Klassen» wählen. Im Navigations-Menü «Website» klicken und «Website-Generator».

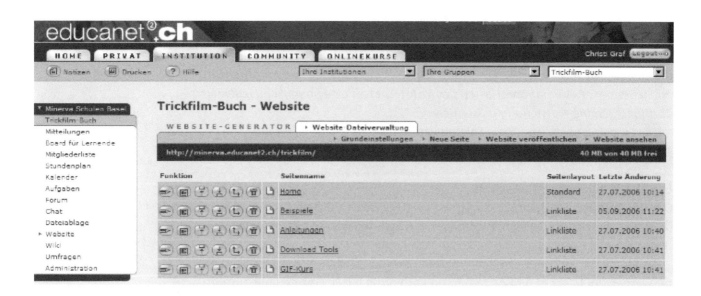

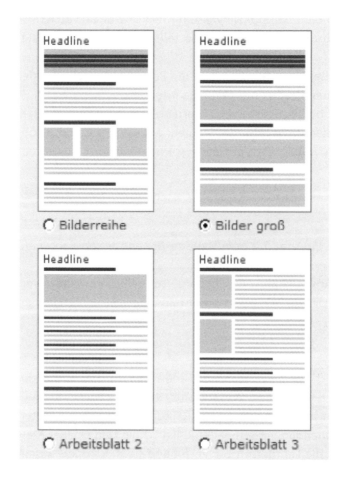

- «Neue Seite» erstellen: Beim sich öffnenden Browserfenster empfiehlt es sich, «Bilder gross» anzuklicken.
- Hinunterscrollen und Layout speichern.

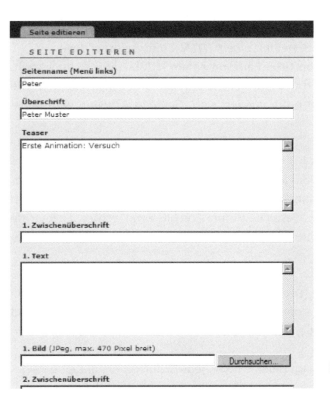

 Tutorials
GIF-Animationen im
Internet ausstellen
→ Anleitungen:
PDF-Datei zum
Ausdrucken

| Anschliessendes Browserfenster, das sich automatisch öffnet: Seitenangaben vornehmen.

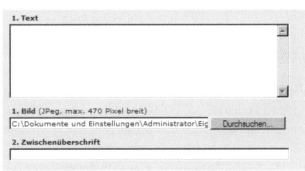

| Die eigene GIF-Animation soll eingefügt werden: «Durchsuchen».
Die GIF-Animation wird nun vom eigenen Computer auf den Internetserver hochgeladen: hinunterscrollen und «speichern und schliessen».

Die neue Webseite ist erstellt.

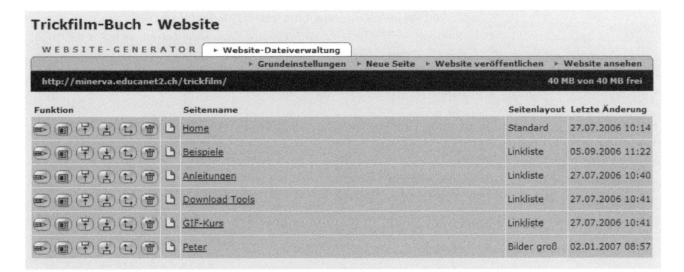

| Zum Schluss «Website veröffentlichen» und dann «Website anschauen».
| Mutig experimentieren und verschiedene Layouts erproben: Jede erstellte Seite kann mit Klick auf das betreffende Symbol problemlos wieder gelöscht werden.

Werkstatt und Projekte

Tutorials
GIF-Animationen im
Internet ausstellen
→ HTML-Vorlage

Variante 2 (anspruchsvoller)
Einen Ausstellungsraum im Internet mit einem HTML-Editor selbst erstellen
Der Ausstellungsraum wird von Grund auf mit einem HTML-Editor selbst erstellt. Dabei lernen die Schülerinnen und Schüler die Sprache und Syntax kennen, wie Internetseiten aufgebaut und programmiert sind. Genaues Arbeiten wird dabei eingeübt.

Hinweise zur Durchführung

- Einstieg ins Thema: Was ist das Internet, was HTML, ein Editor, ein Browser? Der grosse Fundus im Internet selbst soll (kritisch) genutzt werden: Die Schüler/innen recherchieren in Gruppen zu diesen Begriffen. Anschliessend werden die Begriffe zusammenfassend besprochen, einfache Definitionen werden schriftlich festgehalten.
  Zeitaufwand: 2 Schulstunden

Tutorials
GIF-Animationen im
Internet ausstellen
→ Anleitungen

- Einführung in die Software: Die Schüler/innen arbeiten das Tutorial zum HTML-Editor Phase 5 durch. Sie lernen, exakt nach einer Anleitung zu arbeiten, und werden auf diese Weise mit einem HTML-Editor vertraut.
  Zeitaufwand: 4 Schulstunden
- Gestalten der GIF-Ausstellung: Jeder Schüler, jede Schülerin erstellt einen eigenen Ausstellungsrundgang durch die Animationen mit dem HTML-Editor, gestaltet eine eigene Animationsausstellung nach individuellen Vorstellungen. Die verschiedenen Varianten werden zum Schluss einander vorgestellt und der beste Ausstellungsrundgang wird ausgewählt.
- GIF-Animationen werden auf einer HTML-Seite wie ein ganz gewöhnliches, nicht animiertes Bild eingefügt.
- Es empfiehlt sich, die animierten GIFs in den gleichen Ordner oder das gleiche Verzeichnis auf dem Computer zu kopieren wie die HTML-Seite, in der die Animationen dann eingebunden werden. So wird eine falsche Verlinkung auf dem Internetserver verhindert («Bild nicht gefunden»).
- Auf der DVD befindet sich eine HTML-Vorlage für eine GIF-Ausstellung. Die Dateien können auf die Festplatte kopiert werden und die Schüler/innen können diese Vorlage zur Weiterarbeit mit dem HTML-Editor übernehmen.
- Mit einem → FTP-Client (viele Freeware dazu im Internet) werden die HTML-Dateien auf den Internetserver hochgeladen.

Christian Graf

Glossar

Die folgenden Seitenangaben verweisen auf ausgewählte Textstellen zum jeweiligen Stichwort.

Abblätterbuch
→ Daumenkino.

Animation
Durch eine Abfolge von unbewegten Einzelbildern wird künstlich der Eindruck von Bewegung erzeugt. Je nach Produktionsverfahren oder verwendeten Materialien können folgende Animationstechniken unterschieden werden:
· Zeichen- und Maltrick (vergleiche auch Folienanimation),
· Stopptrick (z.B. mit Puppen, Knetfiguren, Sand; als Legetrick oder Pixilation mit realen Objekten),
· Computeranimation.

Bewegungslinien 13, 63
→ Speedlines.

Daumenkino (engl. *flipbook*) 12
Ein Papierstapel mit gezeichneten oder fotografierten Bewegungsphasen wird zu einem kleinen Buch gebunden. Durch rasches Abblättern der Seiten entsteht die Illusion einer fortlaufenden Bewegung.

Drag & Drop
Mit dieser Funktion (deutsch: «ziehen und fallen lassen») können markierte Textteile oder Bilder auf dem Computerbildschirm bei gedrückter Maustaste an eine andere Stelle gezogen und dort eingefügt werden.

Drehbuch (engl. *screenplay*)
Szenische Textvorlage für einen Film. Dialoge, Beschreibungen des Handlungsverlaufs sowie Angaben zu filmsprachlichen Gestaltungsmitteln dienen beim Drehen als Arbeitsgrundlage.

Einstellungsgrösse 59
Scheinbare Distanz der Kamera zum abgebildeten Geschehen. Je nach Grösse der abgebildeten Figuren im Verhältnis zum Bildrahmen lassen sich – von der Totale bis zur Detailaufnahme – verschiedene Abstufungen unterscheiden.

Einzelbildaufnahme
Bei diesem Verfahren werden Bilder nicht kontinuierlich aufgenommen (gefilmt), sondern einzeln (mit Einzelbildschaltung) belichtet oder aufgezeichnet. Siehe auch Stopptrick.

Flash 55
Ein Computerprogramm (früher von der Firma Macromedia, heute Adobe) für die Erstellung von Animationen und interaktiven Vektorgrafiken für das Internet.

Flipbook
Englische Bezeichnung für das Daumenkino.

Folienanimation (engl. *cell animation*)
«Beim Zeichentrickfilm werden die einzelnen Bewegungsphasen auf durchsichtige Folien gezeichnet, die dann nacheinander auf separat gemalte Hintergründe gelegt und mit Einzelbild-Schaltung aufgenommen werden. So müssen nur die sich jeweils ändernden Teile (Figuren) gemalt werden und nicht das gesamte Bild» (James Monaco, *Film und neue Medien: Lexikon der Fachbegriffe*. Deutsche Fassung v. Hans-Michael Bock. Reinbek bei Hamburg: Rowohlt, 2000. S. 70).

FTP-Client 92
Ein FTP-Client ist ein Programm, mit dem Dateien vom eigenen Computer auf einen Internetserver hochgeladen werden. Es gibt dafür zahlreiche Freeware-Tools. FTP (File Transfer Protocol) bezeichnet das verwendete Übertragungsprotokoll.

GIF 53, 89
GIF steht für Graphics Interchange Format und ist ein digitales Bildformat mit guter verlustfreier Komprimierung für Bilder mit geringer Farbtiefe (2 bis 256 Farben). Die geringe Farbtiefe macht das Format nach heutigen Massstäben ungeeignet zur Speicherung digitaler Fotos. Das GIF-Format ermöglicht hingegen das Speichern von mehreren Bildern in nur einer einzigen Datei. So entsteht der Eindruck eines kleinen Trickfilms, einer Animation.

HTML
Die Hypertext Markup Language (HTML) ist eine textbasierte Auszeichnungssprache zur Darstellung von Inhalten wie Texten, Bildern und Hyperlinks im Internet. HTML-Seiten bilden die Grundlage des World Wide Web und können von einem Webbrowser (wie Firefox, Internet Explorer, Safari) dargestellt werden.

HTML-Editor
Ein HTML-Editor ist ein Computerprogramm, mit dem man Internetseiten mit HTML-Code erstellen und bearbeiten kann.

Kameraperspektive 58
Aus der Position der Kamera auf der senkrechten Ebene ergeben sich je nach Neigung unterschiedliche Blickwinkel auf das Objekt: Froschperspektive, Augenhöhe, Vogelperspektive.

Konturenwiederholung 64
Technik zur Darstellung von Bewegung in einem statischen Bild. Umrisse oder Teile des bewegten Objekts werden dabei in mehreren Positionen durch Striche angedeutet. Zur Betonung von Bewegung kommt dieser Mehrfacheffekt auch im Trickfilm zum Einsatz.

Glossar

Legetrick
«Graphische Vorlagen wie z.B. Fotos oder Papierschablonen werden durch schrittweise Verschiebung animiert. Legetrick-Figuren erinnern an die bekannten ‹Hampelmänner›, weil nur die beweglichen Gliedmassen ausgetauscht werden» (Esser 1995, S. 315).

Leuchttisch 44
Auf dieser Vorrichtung für die Produktion eines Zeichentrickfilms, einer Art Kasten oder Pult mit eingebauter Leuchtstoffröhre, lassen sich auf der Arbeitsfläche aus Glas mehrere Schichten Papier durchleuchten. Die gezeichneten Bewegungsphasen können so optimal aufeinander abgestimmt werden.

Lunchbox 33
Kompaktes, computerunabhängiges Gerät für das Erstellen von Trickfilmen. Livebilder von der Videokamera werden als Einzelbilder oder wahlweise als Mehrfachbilder gespeichert und stehen sofort als Trickfilm zur Verfügung. Sehr hilfreich ist der eingebaute «Zwiebelschaleneffekt», womit abwechselnd das letzte gespeicherte respektive das aktuelle Bild und somit die Veränderung von einem Bild zum nächsten sichtbar gemacht wird.

Merchandising 21
Vermarktung von Medienprodukten durch den Verkauf von Begleitmaterialien. Merchandising-Produkte sind z.B. Begleitbücher, Videokassetten, Tonträger, aber auch Pins, Kartenspiele, Baseballmützen, T-Shirts usw. Dieses Zusatzgeschäft mit Medien, Spielzeug und Konsumartikeln soll wiederum die Popularität des Medienproduktes steigern.

Montage 76
Das Aneinanderfügen (Montieren) der gedrehten Einstellungen und Szenen zum fertigen Film. Man spricht auch vom *Schnitt*.

Morphen, Morphing 45, 49
Ausgehend von zwei unterschiedlichen Bildern berechnet der Computer beim Morphing verschiedene Übergangsstufen. Die Zwischenbilder stellen dabei unterschiedliche Mischungen der beiden Ausgangsbilder dar. Laufen viele solcher Übergangsbilder hintereinander ab, zeigt die Animation eine fliessende Verwandlung von einem Bild ins andere. Die Morphing-Technik wird gerne in Werbespots eingesetzt, kommt als Spezialeffekt aber auch in Musikvideos oder Spielfilmen vor. Vor allem in Science-Fiction-Filmen nehmen Menschen oder Fantasiefiguren mit dem Morphing-Verfahren eine andere äussere Gestalt an, wobei die Veränderung von den Zuschauern mitverfolgt werden kann.

Nachspann (engl. *credits*) 76
Auch Abspann. Liste der Produktionsdaten sowie aller Mitwirkenden am Schluss eines Films.

Naturgesetze 62
Die Beschleunigung eines fallenden Gegenstandes, die Wurflinie eines Balls, das Gewicht von Personen oder Gegenständen oder der Zusammenprall von Figuren unterliegt physikalischen Gesetzmässigkeiten, auf die die menschliche Wahrnehmung im Hinblick auf ihre korrekte Darstellung in Filmen sehr sensibel reagiert. In Animationsfilmen werden diese physikalischen Gesetze häufig übertrieben oder gebrochen dargestellt, um einen überraschenden Effekt auszulösen. Zum Beispiel: Eine Figur rennt über einen Abgrund hinaus und bleibt so lange in der Luft, bis sie realisiert, dass sie keinen Boden mehr unter den Füssen hat. Erst dann fällt sie in den tiefen Abgrund, wobei sie den Sturz schadlos übersteht und sofort wieder auf den Beinen ist.

Off-Kommentar 34
Gesprochener Kommentar zu einem Film, wobei der Sprecher oder die Sprecherin im Bild nicht sichtbar und auch nicht Teil des filmischen Geschehens ist. Siehe auch Off-Ton.

Off-Ton 69
Ton, dessen Quelle im Filmbild nicht sichtbar ist oder der erst bei der Nachbearbeitung (Vertonung) hinzugefügt wurde, z.B. eine Kommentarstimme (Off-Sprecher), Geräusche wie Verkehrslärm oder die Filmmusik.

Pixilation 32
Der Pixilationstrick ist eine Stopptricktechnik, die darin besteht, zwischen zwei Bildaufnahmen Gegenstände oder Personen zu verschieben («Puppenanimation mit Menschen»). Dadurch bewegen sich diese im fertigen Film auf «unnatürliche» Weise wie von Geisterhand. Der Begriff leitet sich vom amerikanischen *pixilated* ab, was so viel wie «verdreht», «irritiert» oder «verrückt» bedeutet.

Plastilin 82
Modellierbare Knetmasse («Trickfilm-Knete»). Figuren aus Plastilin werden mit Hilfe der Stop-Motion-Technik animiert (engl. *clay animation*). Berühmte Beispiele von Plastilin-Trickfilmen sind: *Pingu*, *Wallace und Gromit*, *Chicken Run*.

Puppentrick 39
«Bewegliche, vollplastische Puppen, deren äussere Erscheinung von der Knetfigur bis zum flauschigen Teddy reicht, werden dreidimensional animiert und … mit Einzelbildschaltung aufgenommen (nicht zu verwechseln mit dem real aufgenommenen Marionettenfilm!)» (Esser 1995, S. 315).

Rollbild
→ Streifenkino.

Sachtrick 39
Stopptrick mit realen Gegenständen.

Schlüsselphasen 43
Die wichtigsten Positionen einer Bewegung. Beispiel Winken: Die Hand ist einmal rechts und einmal links, das sind die Schlüsselphasen beim Winken. Siehe auch Zwischenphasen.

Schwunglinie 63
Bewegungslinie zur Verdeutlichung der Bewegungsrichtung eines Objekts. Siehe auch Speedlines.

Screensaver 55
Bildschirmschoner

Glossar

Screenshot 23
Englische Bezeichnung für ein Bildschirmfoto. Das Erstellen von Screenshots am Computer ist in den gängigen Betriebssystemen als Funktion integriert. Daneben gibt es aber auch spezielle Screenshot-Programme.

Speedlines 12, 63
Bewegungslinien im Bilderbuch oder Comic, gelegentlich auch *action lines* genannt. Speedlines deuten in statischen Bildern die Objektbewegung durch Striche an und imitieren damit in gewisser Weise einen (fotografischen) Wischeffekt. Bewegungslinien kommen auch im Zeichentrickfilm zum Einsatz, insbesondere um schnelle Bewegungen zu unterstreichen.

Standbild 10
Einzelnes Film- oder Videobild. Am Computer können ab Trickfilmen mittels Screenshots (Bildschirmfotos) Einzelbilder erstellt und beispielsweise für Bildergeschichten im Stil eines Comics oder Fotoromans weiterverwendet werden.

Streifenkino, Rollbild 8, 23
Zwei Papierstreifen mit sich leicht unterscheidenden Darstellungen werden deckungsgleich übereinander fixiert. Durch Auf- und Abrollen des oberen Streifens verschmelzen die beiden Bewegungsphasen zu einer Animation.

Stop-Motion-Technik, Stopptrick ....
Aufnahmetechnik, mit der man unbewegte Dinge animieren kann. Sie kommt bei Trickfilmen, aber durch Einzelbild-Schaltung auch als Spezialeffekt bei Realfilmen zum Einsatz. Ein Bild wird aufgenommen, die Kamera wird gestoppt. In der Szenerie wird etwas verändert, z.B. ein Gegenstand bewegt oder entfernt. Dann wird das nächste Bild aufgenommen usw. – «Im frühen Stummfilm, etwa in den Produktionen des französischen Trickpioniers Georges Méliès, ein beliebtes Verfahren, um Menschen und Gegenstände nach Belieben erscheinen oder verschwinden zu lassen» (Giesen 2003, S. 400).

Storyboard 75
Die in der Art eines Comics gezeichnete Version des Drehbuchs dient als wichtiges visuelles Planungsinstrument. Im Storyboard können Kameraperspektiven, Einstellungsgrössen, Schnitte sowie Position und Bewegung der Akteure vor den Dreharbeiten festgelegt werden. Siehe auch Drehbuch.

Thaumatrop ....
→ Wendebild.

Trickschiene 44
Vorrichtung zur Fixierung von Zeichenblättern. Die einzelnen Papierbögen oder Folien für einen Zeichentrickfilm können gelocht und dank entsprechender Stifte auf der Trickschiene exakt übereinander positioniert werden.

Vorspann 76
Titelliste zu Beginn eines Films. Siehe auch Nachspann.

Wendebild 9
Scheibe mit zwei (Teil-)Bildern, die (aufgrund der Nachbildwirkung) beim schnellen Rotieren der Scheibe zu einem Bildeindruck verschmelzen.

Wunderscheibe, Zauberscheibe ....
→ Wendebild.

Zeitlupe (engl. *slow motion*) 15, 43
Werden bei der Filmaufnahme mehr als dreissig Einzelbilder pro Sekunde aufgezeichnet, erscheinen Bewegungen bei der Wiedergabe mit normaler Bildfrequenz deutlich verlangsamt.

Zeitraffer (engl. *fast motion*) 15, 43
Wenn die Anzahl Bilder pro Sekunde bei der Projektion höher liegt als bei der Aufnahme, werden gezeigte Bewegungen dadurch beschleunigt. Im Spielfilm, der mit konstanter Geschwindigkeit abläuft, wird der Zeitraffereffekt nicht durch schnelleres Abspielen, sondern durch Verlangsamung der Aufnahmegeschwindigkeit («Unterdrehen») oder durch Reduktion von Bildern in der Postproduktion erreicht.

Zwischenphasen 43
Bilder zwischen den Schlüsselphasen. Sie verbinden die wichtigsten Positionen einer Bewegung.

Literatur und Links

Ammann, Daniel. «Geschichten zum Mitspielen: Kinder-CD-ROMs.» *Kinder- und Jugendliteratur im Medienverbund: Grundlagen, Beispiele und Ansätze für den Deutschunterricht (kjl&m 07.extra)*. Hrsg. von Petra Josting und Klaus Maiwald. München: kopaed, 2007. S. 120–130.

Ammann, Daniel; Hermann, Thomas. *Klicken, lesen und spielend lernen: Interaktive Spielgeschichten für Kinder*. Mit Beiträgen von Mela Kocher und Judith Mathez. Zürich: Verlag Pestalozzianum, 2004. 220 Seiten.
Mit ihren animierten Erzählhandlungen, die sich oft an literarische Vorbilder oder Zeichentrickserien aus dem Fernsehen anlehnen, zählen die sogenannten Spielgeschichten für Kinder ab 4 Jahren zu den attraktiven Angeboten auf dem Edutainmentmarkt. Die vorliegende Handreichung stellt eine Auswahl von 15 Kinder-CD-ROMs ausführlich vor und gibt Einblick in Aufbau und Umfang des besprochenen Spiel- und Lernangebots. In Ergänzung zu Trickfilmangeboten aus dem Fernsehen oder auf DVD können sich Kinder hier aktiv mit ihren Lieblingen beschäftigen und für einmal selber ins Geschehen eingreifen.

Anfang, Günther; Demmler, Kathrin; Lutz, Klaus (Hrsg.). *Mit Kamera, Maus und Mikro: Medienarbeit mit Kindern*. Schriftenreihe Materialien zur Medienpädagogik, Band 4. 2., überarbeitete und erweiterte Auflage. München: kopaed, 2005. 192 Seiten.
Kapitel «Trickfilm- und Videoarbeit mit Kindern»: S. 106–115.

Bäriswyl, Sonja; Fink, Ronnie; Suter, Peter (Hrsg.). *Werkzeugkiste Computer: Ideen, Methoden und Anleitungen für alle Schulstufen*. 2., aktualisierte Auflage. Zürich: Verlag Pestalozzianum, 2006. 242 Seiten.
Werkzeugkiste Computer enthält eine Fülle von Unterrichtsbeispielen und Lektionsplänen für alle Stufen und vermittelt Hintergrundwissen und Anregungen zu methodisch-didaktischen Fragen. Ausgangspunkt bilden aktuelle Themen aus dem Unterricht, für die der Computer beigezogen wird. Das Lehrmittel richtet sich an Lehrpersonen, die im Unterricht den Computer als Werkzeug einsetzen wollen (www.werkzeugkiste.ch).
Kapitel zu Ani...Paint und PowerPoint als PDF auf der DVD *Trickfilm entdecken*.

Bauer, Christiane; Hanold, Winfried; Schneider, Roswitha. *Medienabenteuer in der Grundschule*. Für Grundschule Klasse 3 und 4. Sammelwerk Medienzeit, Praxisbaustein. Hrsg. vom Ministerium für Kultus, Jugend und Sport, Baden-Württemberg. Donauwörth: Auer, 2001. 39 Seiten.
Die Unterrichtsvorschläge in diesem Heft geben Anregungen für den kreativen Umgang mit dem Computer in der Grundschule.
Unterrichtsvorschlag 1: Der kleine Maulwurf und das Hasenkind – vom Zeichentrickfilm zum Hypertext. Angeregt durch einen Zeichentrickfilm, dessen Bild- und Tonebene analysiert wird, schreiben die Kinder weitere Geschichten. Diese werden in einem Hypertextbuch zusammengeführt.

Beurer, Monika. *Fotografieren macht Schule: Die Welt entdecken, sehen, fotografisch gestalten*. Ein Lehrmittel für das 4. bis 6. Schuljahr. Bern: Schulverlag blmv, 2006. 127 Seiten.
Das Lehrmittel richtet sich an 11- bis 14-jährige Schülerinnen und Schüler und setzt sich mit der spezifischen Bildsprache der Fotografie auseinander. Grundsätzliche gestalterische Mittel der Fotografie werden ausprobiert und geübt. Durch konkrete Aufgabenstellungen lernen die Schülerinnen und Schüler genauer sehen und beobachten und in der Auseinandersetzung mit dem Medium erlangen sie eine sensibilisierte Wahrnehmung und auch kritische Haltung gegenüber Fotografien.
Daumenkino mit Fotos: S. 84.

Blair, Preston. *Zeichentrickfiguren leichtgemacht*. Köln: Taschen, 1999. 215 Seiten.
Themen: Wie man eine eigene Zeichentrickfigur entwickelt und ihr «Charakter» verleiht, Umgang mit der Perspektive, Darstellung von Bewegungsabläufen, Emotionen durch Mimik und Körpersprache, Kolorierung, Hintergrundbehandlung, Storyboards, Synchronisation, Handhabung der Zeichentrickkamera.

Brenner-Rossi, Urs. *Vom Daumenkino zum Videoclip: Kinder und Jugendliche experimentieren mit bewegten Bildern*. Zürich: pro juventute, 1992. 96 Seiten (vergriffen).
Das Buch zeigt Möglichkeiten, wie aktiv mit audiovisuellen Medien experimentiert werden kann. Kinder und Jugendliche lernen, mit der Film- oder Videokamera und allem was dazugehört umzugehen. Sie gestalten auf einfache, aber kreative Weise ihre eigenen Filme und Videos.
Themen: Projekt-Planung; Kameraführung; Beleuchtung; Tonaufnahme; Film ohne Kamera; Dokumentarfilm; Spielfilm; Trickfilm; Fernsehsendung und Videoclip; Nachbearbeitung und Präsentation.
Optisches Spielzeug (Wendebild, Streifenkino, Daumenkino): S. 53–55.

Die CD-ROM mit der Maus 3. Mit tollem Animations- und Kreativprogramm! CD-ROM Win (95, 98, ME, NT, 2000), Mac (ab OS 8.1). Berlin: Tivola, 2002. Alter: ab 4 Jahren.
Neben Lach- und Sachgeschichte, verschiedenen Denk- und Geschicklichkeitsspielen und Basteltipps steht auf dieser CD-ROM das Thema Trickfilm im Mittelpunkt. Das Animationsprogramm besteht aus drei Elementen: Mit dem Filmpuzzle bringt das Kind Bilder in die richtige Reihenfolge und lernt dabei, dass ein Film aus vielen einzelnen Bildern besteht, die sich nur leicht voneinander unterscheiden. In der Anima-

tionswerkstatt werden eigene kleine Filme hergestellt, indem man verschiedene Figuren, Gegenstände, Hintergrundbilder und Geräusche zusammensetzt. Im Trickatelier gibt es zahlreiche Figuren, Tiere, Bilder und Hintergründe, mit denen das Kind eigene Sequenzen gestaltet. Zusätzlich hat es die Möglichkeit, Bilder am Computer selbst zu malen und zu integrieren. Alle Einzelbilder und Filme können gespeichert, ausgedruckt und im integrierten Maus-Kino angesehen werden.

Connell, Barbara. *Comics zeichnen: Handbuch für Mittel- und Oberstufe.* Hrsg. und mit einem Vorwort von Daniel Ammann. 3., aktualisierte und ergänzte Auflage. Zürich: Verlag Pestalozzianum, 2006. 96 Seiten.
Comics reihen nicht bloss Zeichnungen oder einfache Abbildungen aneinander, sondern sie bedienen sich einer eigenständigen Bildsprache und Erzählgrammatik. In 31 illustrierten Unterrichtseinheiten bringt die Autorin diese Elemente den Schülerinnen und Schülern auf intuitive und schöpferisch-entdeckende Weise nahe. Im Zentrum steht dabei immer das spielerische Entwickeln und Experimentieren mit einfachen gestalterischen Ausdrucksmitteln.
Bewegungslinien: S. 34–35 («In Fahrt kommen»); Daumenkino: S. 36–38 («Wenn Bilder laufen lernen»); Zeitlupe/Zeitraffer: S. 39–40 («Richtiges Timing»).

Engler, Robi. *Trick Film und Video Werkstatt: Vom Daumenkino zum Zeichentrickfilm und Videoanimation.* Handbuch zum Lernen und Lehren für Trickfilmschaffende aller Medien sowie Schüler und Lehrer im Unterricht. Winterthur und München: Foto+Schmalfilm-Verlag, Gemsberg-Verlag, 1984. 340 Seiten (vergriffen).

Esser, Kerstin. «Von Null auf Hundert: Das Zeichentrickangebot im deutschen (Kinder-)Fernsehen – ein historischer Abriss.» *Handbuch des Kinderfernsehens.* Hrsg. von Hans Dieter Erlinger u.a. Konstanz: Ölschläger (in: Universitätsverlag Konstanz), 1995. S. 315–335.

Filmhefte und Begleitmaterial zu Animationsfilmen. Kostenlose Downloads unter: www.bpb.de/filmhefte bzw. www.film-kultur.de/hefte (für registrierte Benutzer) und www.film-kultur.de/curri.html:

Brenneisen, Claudia. Filmheft «Kiriku und die Zauberin». Köln: Institut für Kino und Filmkultur, Juni 2002. 20 Seiten. Mit Kopiervorlage für Daumenkino und Streifenkino.

Brenneisen, Claudia. Filmheft «Der kleine Eisbär». Köln: Institut für Kino und Filmkultur, Oktober 2002. 20 Seiten.

Felsmann, Klaus-Dieter. Filmheft «Ice Age». Köln: Institut für Kino und Filmkultur, November 2002. 8 Seiten.

Kleinschmidt, Michael. Filmheft «Chicken Run – Hennen rennen». Köln: Institut für Kino und Filmkultur, Februar 2002. 20 Seiten.

Kleinschmidt, Michael. Kino & Curriculum: «Die drei Räuber». Köln: Institut für Kino und Filmkultur: Oktober 2007. 12 Seiten.

Kleinschmidt, Michael. Kino & Curriculum: «Kiriku und die wilden Tiere». Köln: Institut für Kino und Filmkultur: August 2006. 8 Seiten.

Kleinschmidt, Michael. Filmheft «Shrek – Der tollkühne Held». Köln: Institut für Kino und Filmkultur, August 2003. 32 Seiten.

Kleinschmidt, Michael. Filmheft «Shrek 2 – Der tollkühne Held kehrt zurück». Köln: Institut für Kino und Filmkultur, Juni 2004. 24 Seiten.

Stiletto, Stefan; Twele, Holger. Filmheft «Das Schloss im Himmel». Bonn: Bundeszentrale für politische Bildung, Februar 2007. 24 Seiten.

Fleischer, Sandra. «Zeichentrick.» *Grundbegriffe Medienpädagogik.* Hrsg. von Jürgen Hüther und Bernd Schorb. 4., vollständig neu konzipierte Auflage. München: kopaed, 2005. S. 428–432. Im Internet unter: www.mediaculture-online.de/Zeichentrick.113+M56392b53cc7.0.html bzw. www.mediaculture-online.de/fileadmin/bibliothek/fleischer_zeichentrick/fleischer_zeichentrick.pdf (1.11.07).

Fröhlich, Arnold; Schöbi, Kurt; Spring, Gabrielle. *Pingu: Unterrichtsideen für den Kindergarten und die Unterstufe.* Zürich: sabe, 1997. 88 Seiten, Begleitvideo.
Das Medienpaket liefert Ideen und Material, um das Thema Pingu spielerisch und alle Sinne umfassend in den Unterricht einzubauen.

Giesen, Rolf. *Lexikon des Trick- und Animationsfilms.* Berlin: Schwarzkopf & Schwarzkopf, 2003. 480 Seiten (vergriffen).

Glaap, Dieter. «Animierte GIFs als Werkzeug einer kreativen pädagogischen Arbeit mit Computern.» *Erlebniswelt Multimedia: Computerprojekte mit Kindern und Jugendlichen.* Hrsg. von Günther Anfang, Kathrin Demmler und Klaus Lutz. Materialien zur Medienpädagogik Band 2. München: kopaed, 2001. S. 59–64. Im Internet unter: www.mediaculture-online.de/fileadmin/bibliothek/glaap_gifs/glaap_gifs.pdf (1.11.07).
Als einfaches Grafikformat bieten animierte GIFs ungeahnte Gestaltungsmöglichkeiten in der medienpädagogischen Arbeit mit Computer und Internet; vor allem dann, wenn sie nicht aus Vorlagen übernommen, sondern in Gruppenarbeit von den Kindern oder Jugendlichen selbst hergestellt werden. Neben dem Prinzip einer GIF-Animation erläutert der Autor detailliert die Verfahrensschritte zu ihrer Herstellung – von der Bildvorlage aus Knet- oder Legemodellen und dem Digitalisieren der Bilder bis zum Zusammenstellen der GIFs mit Hilfe geeigneter Software. Die Animationen können in Webseiten eingebunden werden und eignen sich besonders gut für den Einsatz in selbst gemachten Computerspielen und Trickfilmen (www.mediaculture-online.de).

Höfert, Dorothee; Schumacher, Jörg; Dehne, Bernd; Meissner, Ulrike. *Das ist doch keine Kunst! Der Computer im Kunstunterricht.* Für alle Klassenstufen und Schularten. Sammelwerk Medienzeit, Praxisbaustein. Hrsg. vom Ministerium für Kultus, Jugend und Sport, Baden-Württemberg. Donauwörth: Auer, 2001. 59 Seiten + 1 CD-ROM. Im Internet unter: www.mediaculture-online.de/fileadmin/bibliothek/hoefert_kunst/hoefert_kunst.pdf (1.11.07).
Computer im Kunstunterricht – eine Herausforderung und eine neue Chance. In Anbetracht der Tatsache, dass der Computer in allen Bereichen von Grafik-Design und Werbung sowie nahezu allen Produkten der visuellen Kommunikation

eine immer grössere Rolle spielt, kann der Kunstunterricht digitale Gestaltungsmöglichkeiten nicht mehr ausser Acht lassen. Nur durch praktische Arbeit an Computern gewinnen Schülerinnen und Schüler Einblicke in die Möglichkeiten künstlerischer Gestaltung mit entsprechender Software. Die Faszination, die von den spezifischen Möglichkeiten der elektronischen Bildmedien ausgeht, können Lehrerinnen und Lehrer für die Gestaltung eines kreativen, aktiven Unterrichts nutzen. Das Heft hält zum Beispiel Informationen zur Farbgestaltung oder zu nützlicher Software bereit und beschreibt erprobte Projekte für alle Klassenstufen und Schularten (www.mediaculture-online.de).

kika.de – Der ARD/ZDF-Kinderkanal. «Tricktipps.» www.kika.de/fernsehen/a_z/t/trickboxx/tricktipps/index.shtml (1.11.07).
Online-Lexikon mit Informationen, Tricks und Tipps rund um Trickfilme.

Kohlmann, Klaus. *Der computeranimierte Spielfilm: Forschungen zur Inszenierung und Klassifizierung des 3-D-Computer-Trickfilms.* Bielefeld: transcript, 2007. 300 Seiten.

Kubisch, Susanne. «Die Kleinen gewinnen immer! Wie Kinder Zeichentrickserien für ihre Bedürfnisse gebrauchen.» *infos und akzente* 1 (2000): S. 19–21.
Als PDF auf der DVD *Trickfilm entdecken*.

Kubisch, Susanne. «Fern-Sehen ohne Distanz? Zum Fernsehgebrauch von Vorschulkindern.» *tv diskurs* 11 (1999): S. 80–85. Im Internet unter: www.fsf.de/php_lit_down/pdf/kubisch_tvd11.pdf (1.11.07).
Auch wenn Zeichentrickserien ursprünglich nicht für Vorschulkinder produziert worden sind, so ist das Interesse für dieses Format bei Kindern dieser Altersklasse doch enorm hoch. Zeichentricksendungen, die sich durch geradlinige Handlungsverläufe und eine überschaubare Anzahl von Personen auszeichnen, kommen dem kognitiven Entwicklungsstand der Vorschulkinder entgegen. Sie sind schnell in der Lage, gut und böse voneinander zu unterscheiden. Durch eine quasi-experimentelle Untersuchung fand die Autorin heraus, dass es neben den auditiven und visuellen Kuriositäten von Zeichentrickserien vor allem die Themen Freundschaft und Gemeinsamkeit, aber auch Streiche und Frech-Sein sind, die Kinder dazu bewegen, sich solche Sendungen anzusehen (www.fsf.de).

Loos, Iris; Ehmann, Jochen. *Das Trickfilm-Handbuch.* Frankfurt/M.: Bundesverband Jugend und Film, 1995. Im Internet unter: www.mediaculture-online.de/Autoren_A-Z.253+M5c514f2cde8.0.html, www.mediaculture-online.de/fileadmin/bibliothek/loos_trickfilmhandbuch/loos_trickfilmhandbuch.pdf (1.11.07).
Dieses Handbuch zeigt Kindern und Jugendlichen sowie Fachpersonen der Jugendarbeit, wie sie selbst oder mit einer Kinder- bzw. Jugendgruppe ohne viel Aufwand Trickfilme herstellen können. Der erste Teil «Trickfilm machen» ist eine Einführung in die Trickfilmarbeit. Der zweite Teil «Praxismodell Trickfilmarbeit» widmet sich der Praxis und stellt einige einfache Trickfilmtechniken vor.

Maier, Rebecca; Mikat, Claudia; Zeitter, Ernst. *Medienerziehung in Kindergarten und Grundschule: 490 Anregungen für die praktische Arbeit.* Eine Dokumentation. Hrsg. von der Freiwilligen Selbstkontrolle Fernsehen (FSF). München: KoPäd, 1997. 356 Seiten.
Das Buch dokumentiert Materialien für die Medienerziehung im Kindergarten und in der Grundschule. Über 490 Unterrichtseinheiten und Projekte werden in ihren Inhalten und Methoden kurz beschrieben. Berücksichtigt sind vor allem Materialien, die nicht im Buchhandel erhältlich sind, sondern direkt von Institutionen bezogen werden können. Der zweite Teil des Buches widmet sich diesen Einrichtungen. Neben Anschriften und Ansprechpartnern enthält er zahlreiche Hinweise zu Aktivitäten im Bereich der Medienerziehung wie Veranstaltungen, Projekte und Seminare sowie zu Fortbildungsmaterialien und Ratgebern für Eltern (www.fsf.de). Daumenkino: S. 200.

Manthey, Dirk (Hrsg.). *Making of …: Wie ein Film entsteht.* Band 2. Reinbek bei Hamburg: Rowohlt Taschenbuch Verlag, 1998. 316 Seiten.
Stop motion/Animation: S. 180–195.

MediaCulture-Online: Das Portal für Medienpädagogik und Medienkultur. Teil des Projekts «Medienoffensive II» des Landes Baden-Württemberg mit Informationen rund um die Themen Medienbildung, Medienpraxis und Medienkultur für den schulischen und ausserschulischen Bereich (www.mediaculture-online.de).
Medienprojekte Trickfilm: www.mediaculture-online.de/Trickfilm.604.0.html (1.11.07).
Trickfilme mit dem Computer: www.mediaculture-online.de/Trickfilm.1181.0.html (1.11.07).
Texte zum Thema Zeichentrick: www.mediaculture-online.de/Zeichentrick.113.0.html (1.11.07).

mediamanual.at – Website der Abteilung Medienpädagogik des BMUKK (Bundesministerium für Unterricht, Kunst und Kultur), Wien.
ww.mediamanual.at/mediamanual/workshop/video/animation/index.php – Knappe und informative Seiten zum Thema Animationsfilm mit zahlreichen Bildbeispielen und Textbeiträgen über: Trickfilmstudio (Kamerasetting, Leuchtkasten und Trickschiene, Software, Stop-Motion-Tutorial); Drehbuch und Storyboard (mit Vorlage); Grundbegriffe Animation (Rollender Ball, Hammer und Amboss, Gehende Figur);
Zeichentrick (Bleistift auf Papier, Folienanimation); Legetrick (mit Schnittbogen für Papierfiguren und Geh-Phasen); Modell-Animation (Plastilin, Puppentrick, Pixilation); Animation am PC (Pivot Stick Figure, Take One); Animation expandiert (Literatur, Links, Arbeitsmaterialien).

Rechsteiner, Susanne. «Daumenkino.» *Inform@ 2: 10 Ideen rund um den Computer – ICT im Unterricht. Mittelstufe/Oberstufe.* Projektleitung Beatrice Straub Haaf und Thomas Dörig. Rorschach: Kantonaler Lehrmittelverlag St. Gallen, 2007. S. 13–16.
Arbeitsblatt als PDF auf der DVD *Trickfilm entdecken*.

Theunert, Helga (Hrsg.). *«Einsame Wölfe» und «schöne Bräute»: Was Mädchen und Jungen in Cartoons finden*. Mit Beiträgen von Petra Best, Dörte Petersen, Bernd Schorb und Helga Theunert. BLM-Schriftenreihe, Band 26. Erstellt vom Institut Jugend Film Fernsehen (JFF) im Auftrag der Bayerischen Landeszentrale für neue Medien (BLM). München: BLM, 1993. 147 Seiten.

Theunert, Helga. *Wie Kinder mit Fernsehinhalten umgehen: Mal Anregung, mal Belastung*. Sammelwerk Medienzeit. Hrsg. vom Bayerischen Staatsministerium für Unterricht, Kultus, Wissenschaft und Kunst. Donauwörth: Auer, o. J. 26 Seiten.

Theunert, Helga; Schorb, Bernd (Hrsg.). *Begleiter der Kindheit: Zeichentrick und die Rezeption durch Kinder*. Erstellt im Auftrag der Bayerischen Landeszentrale für neue Medien (BLM). BLM-Schriftenreihe Band 37. München: Reinhard Fischer, 1996. 267 Seiten.

TV-Maker – Mit logo! auf Sendung. CD-ROM Win (98, ME, XP), Mac (ab 9.1, OS X ab 10.1). München: Terzio, 2005. Alter: ab 10 Jahren.
Diese Software verschafft bereits 10-Jährigen einen Einblick in die professionelle Medienproduktion und vermittelt in praktischen Übungen Arbeitstechniken für die Gestaltung eigener Fernsehbeiträge. Zur Verfügung stehen: ein Tonbearbeitungsprogramm, um eigene Sprachaufnahmen, Geräusche oder Musik aufzunehmen und zu schneiden, ein Bildbearbeitungsprogramm, um eigene Bilder zu zeichnen und Grafiken zu verändern, ein Videobearbeitungsprogramm, um am Schnittplatz logo!-Beiträge oder seine eigenen Filme zu bearbeiten, ein Textprogramm, um seine Beiträge zu schreiben, sowie ein Animationsprogramm, das in Anlehnung an das Profi-Programm «Director» erlaubt, eigene Trickfilme zu erstellen (www.terzio.de).

werkspuren: Fachzeitschrift für Gestaltungsunterricht 3/2006, Nummer 103 zum Thema: «Trickfilm: Bewegte Bilder in Kunst und Unterricht». Zürich: Schweizerischer Werklehrerinnen- und Werklehrerverein SWV, 2006. 66 Seiten, DVD.

Wonsowitz, Petra. «Bilder in Bewegung: Animationsfilme und Literaturadaptionen.» *Kinder- und Jugendliteratur im Medienverbund: Grundlagen, Beispiele und Ansätze für den Deutschunterricht (kjl&m 07.extra)*. Hrsg. von Petra Josting und Klaus Maiwald. München: kopaed, 2007. S. 84–95.

Zeiler, Detlef; Schittek, Claudia; Bitz, Eva-Maria. *Tape That: Einführung in die aktive Videoarbeit*. Karlsruhe: Landesbildstelle Baden, Südwestfunk Baden-Baden, 1998. 93 Seiten. Im Intenet unter: www.mediaculture-online.de/fileadmin/bibliothek/zeiler_videoarbeit/zeiler_videoarbeit.pdf (1.11.07).
Der Text bietet eine Hilfestellung für technische und gestalterische Fragen der Videoarbeit, indem er filmtechnisches Grundwissen vermittelt und praktische Hinweise zur Arbeit mit der Videokamera und der Schnitttechnik gibt. Ausserdem geht er speziell auf die schulische Videoarbeit ein und beschreibt ein Unterrichtsprojekt zur Herstellung eines Zeichentrickfilms (www.mediaculture-online.de).

Inhalt der DVD

Impressum

Filme/Animationen/Making-of
Akquisition/Auswahl/Redaktion — Arnold Fröhlich

Tutorials
Realisation/Redaktion — Christian Graf

Anleitungen/Arbeitsmaterial/Texte
Akquisition/Auswahl/Redaktion — Daniel Ammann

DVD-Realisation
Gestaltung/Programmierung — Dominik Roost

Anleitungen / Arbeitsmaterial / Texte

Die DVD enthält auch PDF-Dokumente mit Anleitungen, Kopiervorlagen und weiterführenden Texten zum Ausdrucken.
Auf einem Computer mit DVD-Laufwerk werden die Dokumente auf dem Arbeitsplatz bzw. Schreibtisch wie folgt angezeigt: Durch Rechtsklick (Windows-PC) oder Doppelklick (Mac OSX) auf das DVD-Icon «TRICKFILM_ENTDECKEN_DVD» erscheint das Verzeichnis der DVD. Die Dokumente liegen im Ordner «PDF_DOKUMENTE».
Hinweis: Falls der Computer so eingerichtet ist, dass nach dem Einlegen der DVD automatisch der DVD-Player startet, muss dieses Programm zuerst beendet werden.

AniPaint1.pdf
Ani…Paint 3.01: Rezension mit Anwendungsbeispielen (5 Seiten)
Quelle: St. Galler Arbeitsgruppe Unterrichtssoftware, Schulinformatik, 2006.
http://schule.sg.ch/home/informatik/software/unterrichtssoftware/faecheruebergreifendes.html

AniPaint2.pdf
Kurzeinstieg in die Bedienung von Ani…Paint (3 Seiten)
Quelle: Iris Schärer, 2006; *Werkzeugkiste Computer,* S. 177–179.

Daumenkino_iStopMotion.pdf
Das Daumenkino (flipbook): Schritt-für-Schritt-Anleitung (4 Seiten)
Quelle: Andy Blunschi, 2007

Daumenkino_Siebentier.pdf
Daumenkino_SiebentierSW.pdf
Druck-/Kopiervorlage für ein Daumenkino, farbig bzw. schwarzweiss (zum Ausmalen) (je 2 Seiten)
Quelle: Peter Lüthi, 2007; Page for Page Verlag, www.siebentier.ch

Daumenkino_Word.pdf
Arbeitsblatt (3 Seiten) zum Kapitel «Daumenkino» in: *Inform@ 2: 10 Ideen rund um den Computer – ICT im Unterricht.* Mittelstufe/Oberstufe. Rorschach: Kantonaler Lehrmittelverlag St. Gallen, 2007. S. 13–16.
Quelle: www.lehrmittelverlag.ch

Flash-Anleitung.pdf
Eine Flash-Animation herstellen (15 Seiten)
Quelle: Christian Graf, 2007

Gehphasen_Kamera-Kasch.pdf
Kamera-Ausschnitt für Trickfilm (2-Loch-Schiene) (1 Seite)

Gehphasen_Legetrick.pdf
Kopiervorlage für zehn Gehphasen Legetrick (11 Seiten)

Gehphasen_Strichmännchen.pdf
Gehzyklus: Ein Schritt in vier Phasen (1 Seite)

Gehphasen_Zeichentrick.pdf
Kopiervorlage für zehn Gehphasen Zeichentrick (mit Kamera-Kasch) (11 Seiten)
Quelle: www.mediamanual.at, Abteilung Medienpädagogik des BMUKK (Bundesministerium für Unterricht, Kunst und Kultur), Wien

Geräusche.pdf
Geräuscheküche: Geräusche selber produzieren und imitieren (7 Seiten)
Quelle: Heinz Urben, 2007

GIF-Ausstellung.pdf
Ausstellen der GIF-Animationen auf Educanet 2 (6 Seiten)
Quelle: Christian Graf, 2007

iMovie-Trickfilm1.pdf
Anleitung: Trickfilm mit iPhoto und iMovie (2 Seiten)
Quelle: Roland Fischer, 2007; medien-lab, Pädagogische Hochschule Zürich

iMovie-Trickfilm2.pdf
Trickfilme erstellen mit iPhoto, iMovie, iTunes (4 Seiten)
Quelle: Fred Greule, 2005; Pädagogische Hochschule Nordwestschweiz, Beratungsstelle Medien und Informatik im Unterricht
http://www.bias.ch/archiv/

iStopMotion_Handbuch.pdf
Boinx iStopMotion – Handbuch (deutsch, englisch, französisch) (31 Seiten)
Quelle: Application Systems Heidelberg Software GmbH

iStopMotion2_Handbuch.pdf
Handbuch zu iStopMotion 2 (Boinx Software), Oktober 2007 (24 Seiten)
Quelle: Application Systems Heidelberg Software GmbH

iStopMotion_Schule.pdf
Trickfilm mit iStopMotion (4 Seiten)
Quelle: Andy Blunschi und Dominicq Riedo, 2007

Kurbelkino.pdf
«Lauras Kurbelkino»: Bastelanleitung und Druckvorlage für ein Kurbelkino (3 Seiten)
Quelle: *Lauras Stern.* CD-ROM Win (98, ME, 2000, XP), Mac (ab 8.6, OS X). Die CD-ROM zum Kinofilm *Lauras Stern.* Nach den Bilderbüchern von Klaus Baumgart. Berlin: Tivola, 2004.

MovieMaker-Trickfilm1.pdf
Anleitung: Trickfilm mit Windows MovieMaker (5 Seiten)
Quelle: Roland Fischer, 2007; medien-lab, Pädagogische Hochschule Zürich

MovieMaker-Trickfilm2.pdf
Trickfilme erstellen mit Windows MovieMaker (3 Seiten)
Quelle: Fred Greule, 2005; Pädagogische Hochschule Nordwestschweiz, Beratungsstelle Medien und Informatik im Unterricht http://www.bias.ch/archiv/

PowerPoint-Musik.pdf
PowerPoint: Musik einfügen (1 Seite)
Quelle: Daniel Feusi, 2006; Pädagogische Hochschule Nordwestschweiz, Beratungsstelle Medien und Informatik im Unterricht http://www.bias.ch/archiv/

Inhalt der DVD

PowerPoint-Trickgeschichte1.pdf
PowerPoint-Trickgeschichte mit Autoformen (3 Seiten)
Quelle: Ursula Schwarb, 2007; Fachbereich Medienbildung, Pädagogische Hochschule Zürich; *Skript Medien und ICT (Modul ik210)*, S. 60–62.

PowerPoint-Trickgeschichte2.pdf
Mit PowerPoint und dem Freihandformwerkzeug einen Trickfilm herstellen (4 Seiten)
Quelle: Rahel Tschopp, 2006; *Werkzeugkiste Computer*, S. 165–168.

Storyboard1.pdf
Kopiervorlage für Storyboard (1 Seite)
Quelle: Heinz Urben, 2007

Storyboard2.pdf
Kopiervorlage für Storyboard (1 Seite)
Quelle: www.mediamanual.at, Abteilung Medienpädagogik des BMUKK (Bundesministerium für Unterricht, Kunst und Kultur), Wien

Streifenkino_Willi_Wiberg.pdf
Druck-/Kopiervorlage mit 2 Phasenbildern für ein Streifenkino (1 Seite, farbig)
Quelle: Screenshots aus der Spielgeschichte *Mit wem spielst du, Willi Wiberg?* CD-ROM Win (95, 98, NT 4.0, 2000, ME, XP), Mac (ab 8.1, OSX). Text und Illustration: Gunilla Bergström. Hamburg: Oetinger, 2002.
© Gunilla Bergström, from Willi Wiberg – Pennfilm AB

Zeichentrickserien.pdf
Artikel (3 Seiten): Susanne Kubisch, «Die Kleinen gewinnen immer! Wie Kinder Zeichentrickserien für ihre Bedürfnisse gebrauchen.» *infos und akzente* 1 (2000): S. 19–21.
Quelle: www.phzh.ch/phakzente

Filme/Animationen/Making-of

Stumm = Original ohne Ton
* = Aus urheberrechtlichen Gründen mussten für die Wiedergabe auf dieser DVD die Tonspur oder Teile davon gelöscht werden.

Titel	Länge / Tonspur	Autor/innen / Stufe / Klasse / Alter	Lehrer/in / Schule / Institutionen
Erste Experimente			
Lach doch	0'14" stumm	Schüler/innen der 2. Primarklasse	Isabelle Stüdli, Schule Rothenburg 6023 Rothenburg
Liebespaar	0'06" stumm		
Stuhlzauberei	0'20" stumm		
Formel 3	0'10" stumm		
Glück im Unglück	0'15" stumm		
Sommertag	0'22" stumm		
Maus im Haus komm raus	0'25" stumm		
Schokolade	0'21" *	Schüler/innen der 5. Primarklasse	Manuela Benigni Schulhaus Brühl, 4500 Solothurn
Pixilation			
Stühle mit Kindern	0'10" stumm	Schüler/innen aus versch. Schulstufen	Medienberatungsstelle, PHZ Luzern
Person in der Luft	0'12" stumm	Lehrerinnen- und Lehrerweiterbildung Luzern	Medienberatungsstelle, PHZ Luzern Kurt Schöbi
Mistkübel	0'14" stumm		
Bumm!	0'32" *	PH-Studierende Profil MITIC	Andy Blunschi, Pädagogische Hochschule, 1700 Freiburg
Maltrick			
Farbenspiel	1'52"	Nina und Tim Brenner (9 und 11 Jahre)	
Legetrick			
Etui	0'29" stumm	Lehrerinnen- und Lehrerweiterbildung Luzern	Medienberatungsstelle, PHZ Luzern Kurt Schöbi
Früchte	0'28" stumm		
Ballon	0'28" stumm	Schüler/innen der 2. Primarklasse	Isabelle Stüdli, Schule Rothenburg 6023 Rothenburg
Was macht die Maus? (Ausschnitt)	4'03"		
Princess bad trip (Ausschnitt)	1'26"	Virgil Brügger / Pauline Gacoud / Evodie Rossé / Pauline Torche	Profil MITIC Pädagogische Hochschule 1700 Freiburg
Sachtrick			
Freiheit	0'50" stumm	Schüler/innen der 2. Primarklasse	Isabelle Stüdli, Schule Rothenburg 6023 Rothenburg
Oh was für ein schönes Nest	0'30" stumm		
Der König in Gefahr	3'06" stumm		
Boris Crak	4'06" *	Jonathan Blunschi (Maturarbeit)	
Banküberfall	1'00" *	Andreas Hottinger / Luis Wennberg	Luis Wennberg Gymnasium Münsterplatz, 4051 Basel
Eine ganz normale Schulsituation	1'25" *	Stephanie Wüthrich / Nadia Echagüe / Andrea Huser / Stephanie Maradan (PH)	Sabine Amstad FHNW Päd. Hochschule 4500 Solothurn
scHund	0'52" *	Andrea Weber / Désirée Zimmermann (PH)	
Städtebau	8'39"	Kinder und Erwachsene auf dem Abenteuerspielplatz Holziwurm in Uster	Markus Herrmann, 8003 Zürich Yvonne Irniger, 8700 Küsnacht

Inhalt der DVD

Titel	Länge / Tonspur	Autor/innen / Stufe / Klasse / Alter	Lehrer/in / Schule / Institutionen
Plastilintrick			
Plastilinfrüchte	0'10" stumm	Schüler/innen aus versch. Schulstufen	Medienberatungsstelle, PHZ Luzern
Plastilin	0'35" stumm		
Drei Kugeln	2'17" stumm	Schüler/innen der 2. Primarklasse	Isabelle Stüdli, Schule Rothenburg, 6023 Rothenburg
Yellow Dog	1'32" stumm	Nora Richardson (Maturarbeit)	Werner Laschinger, Gymnasium Leonhard, 4051 Basel
Monsterliquick	0'16" stumm	PH-Studierende	Andy Blunschi, Pädagogische Hochschule, 1700 Freiburg
Elefant	0'35" stumm	Profil MITIC	
Zirkus (Ausschnitt)	2'12" *	Alexandre Roulin / Naemi Kunz / Linda Mosimann	Pädagogische Hochschule, 1700 Freiburg
Zeichentrick			
Lach doch	0'14" stumm	Schüler/innen der 2. Primarklasse	Isabelle Stüdli, Schule Rothenburg, 6023 Rothenburg
Skifahrer	0'09" stumm	Schüler/innen der Sekundarstufe I	Kurt Schöbi
Hände	2'40" stumm		Medienberatungsstelle, PHZ Luzern
Der Tausendfüssler Caterpillar	0'40"	Schüler/innen der Gymnasialstufe	Werner Laschinger, Gymnasium Leonhard, 4051 Basel
La vache et la mouche	0'08" stumm	PH-Studierende	Andy Blunschi, Pädagogische Hochschule, 1700 Freiburg
Tour du monde	1'19" *	Profil MITIC	
Pigeon Origami	0'17	Dustin Rees, Fachhochschule	Hochschule für Gestaltung und Kunst, 6000 Luzern
335	0'42" stumm	Lucas Oettli, Fachhochschule	Olivier Riechsteiner, Haute école d'art et de design, 1205 Genf
Verschiedene Techniken			
Hugo will nach Hause (Mischung Zeichentrick und Realfilm)	0'09"	Samuele Tirendi (Maturaklasse)	Werner Laschinger, Gymnasium Leonhard, 4051 Basel
Donatella (Sandtrick)	0'40" stumm	PH-Studierende Profil MITIC	Andy Blunschi, Pädagogische Hochschule, 1700 Freiburg
Introduction (Sandtrick)	0'17" *	PH-Studierende Profil MITIC	Robi Engler, Pädagogische Hochschule, 1700 Freiburg
visages animés	1'27" *		
Intermezzo	0'10" *		
Bewegte Objekte	2'20" *		
Morphing			
Gesichts-Morphing	0'29 stumm	Schüler/innen der Sekundarstufe I	Uwe Zaugg, 6490 Andermatt
GIF-Animationen			
Ines	0'04" stumm	Schüler/innen der Sekundarstufe I (13-jährig)	Christian Graf, Minerva Schulen Basel, 4052 Basel
Jan	0'07" stumm		
Kevin	0'06" stumm		
Martina 1	0'06" stumm		
Martina 2	0'10" stumm		
Nathanael	0'04" stumm		
Simon	0'17" stumm		
Stefan	0'08" stumm		
Yannik	0'05" stumm		
Flash-Animationen			
Bianca	0'12" stumm	Schüler/innen der Sekundarstufe I (15-jährig)	Christian Graf, Minerva Schulen Basel, 4052 Basel
Martin	0'25" stumm		
Philip	0'05" stumm		
Dennis	0'18" stumm		
Schlittschuhlaufen	0'52"		
Anipaint			
Die zwei Raupen namens: Zwibelchen und Flugsause	2'30"	Anna Spiess / Maria-Elena Lang (4. Primarklasse)	Andi Blunschi, Schulhaus Hermolingen, 6023 Rothenburg
Werkstatt / Projekte			
Yellow Dog	1'32" stumm	Nora Richardson (Maturarbeit)	Werner Laschinger, Gymnasium Leonhard, 4051 Basel
Hugo will nach Hause (Mischung Zeichentrick und Realfilm)	0'09"	Samuele Tirendi (Maturaklasse)	Werner Laschinger, Gymnasium Leonhard, 4051 Basel
Der Tausendfüssler Caterpillar	0'40"	Schüler/innen der Gymnasialstufe	Werner Laschinger, Gymnasium Leonhard, 4051 Basel
Städtebau	8'39"	Kinder und Erwachsene auf dem Abenteuerspielplatz Holziwurm in Uster	Markus Herrmann, 8003 Zürich, Yvonne Irniger, 8700 Küsnacht
Diashow / Making-of			
Diashow 1: Kinder der 2. Primar machen Trickfilme	1'28" stumm	Isabelle Stüdli, Schule Rothenburg 6023 Rothenburg	
Diashow 2: Kinder machen Trickfilme	2'52" stumm		
Making-of Banküberfall	1'05"	Andreas Hottinger / Luis Wennberg Gymnasium Münsterplatz, 4051 Basel	

Über die Herausgeber, Autorinnen und Autoren

Quelle: Lola rennt.
Regie: Tom Tykwer.
X Filme Creative Pool,
1998.

Daniel Ammann Dr. phil. I; Anglist und Medienpädagoge. Dozent im Fachbereich Medienbildung und Mitarbeiter des Schreibzentrums an der Pädagogischen Hochschule Zürich.
Forschungs- und Arbeitsschwerpunkte: Medienpädagogik, Literalität und digitale Medien, narrative Medienangebote (Film, Fernsehen, Spiel- und Lerngeschichten auf CD-ROM), Medientheorie, kreatives und wissenschaftliches Schreiben. Seit 1995 Mitglied der NWEDK-Kontaktgruppe Medienpädagogik.
Publikationen (Ko-Autor): *Medienkompass* (Lehrmittelverlag Zürich, 2008); *Klicken, lesen und spielend lernen: Interaktive Spielgeschichten für Kinder* (2004); *Harry war hier: Lesen, Magie und Projekte im Klassenzimmer* (2004); *Film erleben: Kino und Video in der Schule* (2000); *Medien lesen: Der Textbegriff in der Medienwissenschaft* (1999). daniel.ammann@phzh.ch

Arnold Fröhlich Dr. phil. I; Tätigkeit als Primar- und Sekundarlehrer. Studium der Pädagogik, Journalistik und Soziologie. Journalistische Arbeit für verschiedene Tageszeitungen und Fachzeitschriften in den Ressorts Film und Fernsehen.
Lehraufträge für Medienpädagogik an den Universitäten Freiburg/CH (1983–1995) und Bielefeld (Gastdozent), an Volkshochschulen und den Vereinigten Schulen für Sozialarbeit in Bern.
Dozent für Medienpädagogik und Mediensoziologie an Lehrerbildungs-Instituten respektive Pädagogischen Hochschulen in den Kantonen BL, BS, BE, SO und LU. Während 16 Jahren Präsident der Kant. Kommission für Medienfragen und Vertreter von BS in der NWEDK-Kontaktgruppe Medienpädagogik, seit 2004 deren wissenschaftlicher Mitarbeiter. Mehrere Publikationen zur schulischen Medienpädagogik. arnold.froehlich@phz.ch

Andy Blunschi Medienpädagoge, Dozent an der PH Freiburg, Fachbereiche Medienpädagogik, Kommunikation, IKT: Schwerpunkt Integration der Medien in den Unterricht. Verantwortlich für das Profil Medien und IKT. Pädagogischer Mitarbeiter im Multimedia-Atelier. Mitglied der NWEDK-Kontaktgruppe Medienpädagogik. blunschia@edufr.ch

Christian Graf Lehrkraft Sekundarstufe an den Minerva Schulen Basel für Fachbereich Informatik, Mathematik, Geografie, Arbeitstechnik. Schwerpunkte: Neue Medien, E-Learning-Bereich der Schule, Computer-Animationen und Streaming Videos. christian_graf@bluewin.ch

Markus Herrmann Werklehrer FH und Bricolator, Arbeitsschwerpunkte: Freizeitprojekte mit Kindern im Primarschulalter. bricolator@bluemail.ch

Yvonne Irniger Lehrerin für Gestaltung und Kunst, freischaffend in verschiedenen Projekten. yo1@gmx.ch

Über die Herausgeber, Autorinnen und Autoren

Werner Laschinger Dr. phil. II, Geograf und Soziologe, Lehrer am Gymnasium Leonhard in Basel für Geografie, Medien, Informatik, Deutsch. Schwerpunkt: Integration der Medien in den Unterricht. Seit 2004 Präsident der kantonalen Kommission für Medienbildung BS, Mitglied der NWEDK-Kontaktgruppe Medienpädagogik. werner@laschinger.ch

Dustin Rees Regisseur, Diplomierter Animationsfilmer FH. Liebt es, mit Kindern zu arbeiten und Ideen zu verwirklichen. Steht für praktische Beratung und Unterrichtsbegleitung zur Verfügung. www.createdindust.ch; info@createdindust.ch

Lukas Roth Schauspieler und Theaterpädagoge, freischaffend an Schulen, auf Abenteuerspielplätzen und in verschiedenen Projekten, Dozent an der Zürcher Tanztheaterschule ZTTS und an der Hochschule für Soziale Arbeit Zürich. Schwerpunkte: Theater- und Spielanimation für alle Altersstufen. lukroth@vtxmail.ch

Kurt Schöbi Medienpädagoge, Dozent an der Pädagogischen Hochschule Zentralschweiz, Luzern; Fachbereich Medienbildung; Schwerpunkte: Medienpädagogik, ICT im Unterricht. Mitglied der NWEDK-Kontaktgruppe Medienpädagogik. kurt.schoebi@phz.ch

Franziska K. Trefzer Film- und Theaterwissenschaftlerin, lic. phil. I, Dozentin an der Hochschule Luzern – Design und Kunst sowie Mitarbeiterin bei der Zauberlaterne, Filmklub für Kinder (www.zauberlaterne.org). ftrefzer@gmail.com

Heinz Urben Freischaffender Autor, Gestalter und Produzent von Lehrmitteln, Publikationen und Printprodukten. Lehrtätigkeit in den Bereichen Medien- und Öffentlichkeitsarbeit. Mitglied der NWEDK-Kontaktgruppe Medienpädagogik. info@achaos.ch